CANÇÕES do CORAÇÃO

JOAN CHITTISTER

CANÇÕES do CORAÇÃO

Reflexões sobre os salmos

Dados Internacionais de Catalogação na Publicação (CIP)
(Câmara Brasileira do Livro, SP, Brasil)

Chittister, Joan
Canções do coração : reflexões sobre os salmos / Joan Chittister;
[tradução Cláudia Santana Martins]. – São Paulo : Paulinas, 2019. –
(Coleção inspiração)

Título original: Songs of the heart : reflections on the Psalms
ISBN 978-85-356-4514-9

1. Bíblia.Salmos - Meditações 2. Vida espiritual I. Título. II. Série.

19-25143   CDD-242.5

Índice para catálogo sistemático:

1. Bíblia : Salmos : Meditações : Literatura devocional : Cristianismo   242.5

Maria Paula C. Riyuzo - Bibliotecária - CRB-8/7639

Título original: Songs of the heart
Copyright © 2011 Joan Chittister. Publicado por Twenty-Third Publications. A division of
Bayard. One Montauk Avenue, Suite 200. New London, CT 06320.

1ª edição – 2019

Direção-geral: *Flávia Reginatto*
Editora responsável: *Andréia Schweitzer*
Tradução: *Cláudia Santana Martins*
Copidesque: *Mônica Elaine G. S. da Costa*
Coordenação de revisão: *Marina Mendonça*
Revisão: *Simone Rezende*
Gerente de produção: *Felício Calegaro Neto*
Produção de arte: *Jéssica Diniz Souza*

*Nenhuma parte desta obra poderá ser reproduzida ou transmitida
por qualquer forma e/ou quaisquer meios (eletrônico ou mecânico,
incluindo fotocópia e gravação) ou arquivada em qualquer sistema ou
banco de dados sem permissão escrita da Editora. Direitos reservados.*

Paulinas

Rua Dona Inácia Uchoa, 62
04110-020 – São Paulo – SP (Brasil)
Tel.: (11) 2125-3500
http://www.paulinas.com.br – editora@paulinas.com.br
Telemarketing e SAC: 0800-7010081

© Pia Sociedade Filhas de São Paulo – São Paulo, 2019

Sumário

Introdução 7

CANÇÃO UM Caminho da vida..................................13

CANÇÃO DOIS Liderança 19

CANÇÃO TRÊS Misericórdia, justiça 25

CANÇÃO QUATRO Iluminação 31

CANÇÃO CINCO Intimidade 37

CANÇÃO SEIS Crianças 43

CANÇÃO SETE Patriotismo 49

CANÇÃO OITO Hospitalidade 55

CANÇÃO NOVE Conforto 61

CANÇÃO DEZ Maturidade 67

CANÇÃO ONZE Estresse 73

CANÇÃO DOZE **Tempo** 79

CANÇÃO TREZE **Riso** 85

CANÇÃO QUATORZE **Simplicidade** 91

CANÇÃO QUINZE **Autoaceitação** 97

CANÇÃO DEZESSEIS **Talento** 103

CANÇÃO DEZESSETE **Perdão** 109

CANÇÃO DEZOITO **Compromisso** 115

CANÇÃO DEZENOVE **Shabat** 123

CANÇÃO VINTE **Tradição** 129

CANÇÃO VINTE E UM **Oração** 135

CANÇÃO VINTE E DOIS **Gratidão** 141

CANÇÃO VINTE E TRÊS **Humildade** 147

CANÇÃO VINTE E QUATRO **Natureza** 151

CANÇÃO VINTE E CINCO **Agradecendo a Deus** 155

Introdução

O segredo de viver uma vida plena e feliz está em aprender a cantar novas canções.

Este livro começou, na verdade, com canções entoadas milhares de anos atrás. Mas não se percebe isso quando se lê, porque suas palavras se aplicam tão claramente ao dia de hoje quanto a todos os anteriores. São, como se vê, os salmos que o mundo judaico-cristão vem rezando diariamente durante séculos. E o motivo para sua relevância é claro: os salmos são a história da alma humana – a sua e a minha – em progresso.

Este livro é um passeio pelos salmos escritos por um povo, mas rezado por muitos povos diferentes desde então. Como eles tratam da vida, do que significa ser humano, do que é lutar e rir, ficar confuso e deprimido, lidar com a autoaceitação e esforçar-se para atingir a iluminação, eles se aplicam a todos nós. Melhor ainda, são escritos em uma linguagem universal que nunca sai de moda, que é sempre nova, sempre penetrante. São as linguagens da poesia e da canção.

Há duas artes na vida que explicam tudo sem explicar nada: uma é a música e a outra, a poesia. Como Aaron Copland, o grande compositor norte-americano, comentou: "Todo problema pode ser expresso simplesmente se perguntando: 'Existe significado na música?'. Minha resposta seria: 'Sim'. E: 'Você sabe dizer exatamente qual é ele?'. Minha resposta a essa pergunta seria: 'Não'".

No "sim e não", na verdade, está a beleza de ambas as artes. Tanto a música quanto a poesia exploram o inconsciente e lhe dão total liberdade. Tanto a música quanto a poesia ligam gerações e constroem pontes entre culturas. Tanto a música quanto a poesia tratam do que significa sermos humanos no fundo de nossa alma. Tanto a música quanto a poesia nos permitem dar nosso próprio significado à obra e, assim, ampliar o significado e a consciência dos outros. Tanto a música quanto a poesia são eternamente flexíveis: abrigam dentro delas os significados que lhes damos em qualquer ponto no tempo, assim como o significado que nos transmitem em palavras para sempre.

Os salmos neste livro – todos obras de poesia e música – têm significado para nós, também. Se é verdade que "a história de um povo está inscrita em suas canções", como disse George Jelinek, então a história espiritual da Casa de Israel é também a nossa história. E, talvez, a história de todo ser humano em busca do Deus vivo.

As 150 canções de louvor no Livro dos Salmos são um panorama abrangente da vida espiritual que, dizem alguns, expressa praticamente todo o espectro da fé religiosa de Israel. São a história universal da peregrinação das almas pela vida.

O salmista canta para nosso coração e mente em uma linguagem que entendemos. Os salmos trazem a nossos ouvidos poemas que nos abrem novas sementes de esperança na presença do Deus vivo. Aqui. Agora. E, em especial, para nós.

O salmista é poeta e sábio, cantor e historiador da luta humana em busca de Deus.

Este livro se propõe a iniciar a construção de uma ponte entre duas culturas, duas eras, a alma do salmista e a nossa.

O processo é simples: colocar as palavras do salmista sob o microscópio do agora a fim de dar novas luzes e perspectivas a estes tempos e desafios. Então cabe a nós inserirmo-nos no salmo, pôr nossa própria vida sob o microscópio, envolvermo-nos no diálogo da alma.

Recomendo que cada capítulo seja abordado vasem pressa. É importante participar da conversa, desafiar a posição do salmista com nossas próprias ideias, talvez memorizar cada versículo e, dessa forma, mergulhar o vinagre de nossa vida no mel das frases poéticas. Assim, deixando que elas penetrem em nossas veias, podemos iniciar uma nova canção de louvor para todas as eras de nossa própria vida no coração do mundo, assim como em nosso próprio coração.

Que este livro simples se torne um oásis no tempo para você, longe das tensões de um mundo que exige mais atenção do que a alma humana pode suportar. Que você também aprenda com sua poesia e suas canções a encontrar novos sentidos no âmago da vida. Acima de tudo, que você faça suas próprias canções.

Tu me indicarás o caminho da vida,
a plenitude da alegria em tua presença.

Salmo 16

CANÇÃO UM

O caminho da vida é um percurso sinuoso. Queremos que ele seja reto e claro. Raramente o é. É algo que se desdobra gradualmente enquanto vivemos. Falamos em "planejá-lo" e "encontrá-lo", mas é mais frequente a vida ser descoberta em retrospecto do que no momento em que se vive. Na maioria dos casos, não encontramos a vida; ela nos encontra. A única questão é se a reconheceremos ou não e se a aceitaremos quando chegar a hora, se daremos sentido a ela e se extrairemos sentido dela como ela é.

Atualmente, os psicólogos falam muito sobre "alienação", aquela sensação de estar fora de sintonia com o "eu", de não saber exatamente o que estamos fazendo na vida ou como nos sentimos sobre ela ou o que as coisas significam para nós, enquanto corremos sempre de um lugar para outro em busca do que queremos, mas sem conseguirmos identificá-lo. Os analistas sociais dizem que a alienação começou a nos afetar quando a linha de montagem passou a tomar o lugar do artesanato. As pessoas aparafusavam armações de aço, escolhiam pêssegos ou cortavam bolsos de calças durante toda a vida, mas nunca tinham a sensação estimulante de criatividade que vem de "construir um carro", "cultivar um pomar" ou "confeccionar um paletó".

Evidentemente, tudo se resume a encontrar "a plenitude da alegria na presença de Deus". Talvez a alienação seja um sinal de que não somos uma cultura secular, afinal. Talvez, na verdade, sejamos uma cultura muito espiritual sofrendo com o fato de que fomos privados de todos os sustentáculos e encarregados de encontrar por nós mesmos aquilo que realmente importa na vida.

APRIMORAMENTO DA ALMA

- O sentido não vem do que fazemos. Vem do que somos. Se somos amantes da beleza, então a beleza preencherá todos os nossos dias. Se estamos comprometidos com a justiça, então a justiça nos conduzirá além de toda fadiga ou fracasso. Se somos devotados a construir a harmonia entre as pessoas, então encontraremos significado nas pessoas cujas vidas tocamos. É quando não há nada que nos guie além de nossos cronogramas diários que a vida se torna cinzenta, apática e melancólica.
- A vida acontece rápido, mas o significado dela entra em foco devagar, muito devagar. O desafio é continuarmos nos perguntando qual é.
- Realização é o que fazemos para nós mesmos. O sentido vem do que fazemos para os outros.

NARRATIVA VIRTUOSA

Dois discípulos que haviam se tornado dependentes do professor estavam preocupados com o que fariam quando ele envelhecesse e quando um dia morresse.

O professor, sentindo isso, chamou os discípulos para perto e contou-lhes esta história:

Certa vez existiu um aluno que estava com o professor havia muitos anos. Quando o professor sentiu que ia morrer, quis transformar até sua morte numa lição.

Naquela noite, o professor pegou uma tocha, chamou o aluno e saiu com ele pela floresta. Logo eles chegaram ao meio do bosque. Ali o professor apagou a tocha sem dar nenhuma explicação.

– Qual é o problema? – perguntou o aluno.

– A tocha se extinguiu – respondeu o professor, e continuou a andar.

– Mas o senhor vai me deixar aqui no escuro? – gritou o aluno, com medo.

– Não, não vou deixá-lo no escuro – retrucou a voz do professor nas trevas que os cercavam. – Vou deixá-lo procurando pela luz.

VIVÊNCIA CONCRETA

Faça algo criativo esta semana – asse um bolo, pinte um quadro, colha um ramalhete de flores –, que lhe traga "a plenitude da alegria".

*Quando as pessoas estão servindo,
a vida já não é mais sem sentido.*

John Gardner

Felizes aqueles que amam a Deus [...]
eles são uma luz na escuridão para os íntegros,
são generosos, misericordiosos e justos [...]
Tais pessoas devem ser exaltadas.

Salmo 112

Liderança

CANÇÃO DOIS

Em um século que gerou Adolf Hitler, Ferdinand Marcos, Nicolae Ceausescu, o Exterminador do Futuro e gangues de adolescentes, de um lado, e Martin Luther King Jr., Dan Berrigan e Mahatma Gandhi do outro, vemo-nos confrontados pelo que parecem ser noções conflitantes de liderança. É a força ou é o exemplo que a define? Como resultado, desenvolvemos algumas concepções muito estranhas do que significa ser forte, competente e importante publicamente. A liderança se tornou um enigma. Devemos ser fiéis seguidores ou indivíduos independentes? Os líderes são aqueles em quem devemos confiar ou a quem devemos temer?

Estas são questões culturais. Em sociedades altamente comunitaristas, é extremamente importante promover o individualismo para que as pessoas não sejam tolhidas em nome do desenvolvimento nacional. Nessas situações, os líderes se tornam autocráticos, usando as pessoas em nome de ideais pessoais ou sociais que podem ou não beneficiar os indivíduos cujas vidas são oprimidas no projeto. Os faraós construíram pirâmides colossais, mas ao preço de um milhão de vidas. Os reis da Espanha criaram um tesouro nacional com o ouro americano, mas ao preço da vida de populações inteiras de nativos americanos.

Em sociedades altamente individualistas, como a nossa, é igualmente importante promover um sentido de responsabilidade de grupo, de modo que os interesses privados não se aproveitem do bem comum. Os executivos de empresas, que ganham salários de milhões de dólares enquanto os trabalhadores de classe média demitidos perdem as casas por não conseguir pagar o financiamento, não beneficiam a sociedade, embora finjam beneficiá-la.

As quadrilhas de rua, que aterrorizam a vizinhança para exercer um poder que não teriam o direito de usar, não influenciam a sociedade, apenas a intimidam. Membros da família que manipulam o ambiente para atender às próprias necessidades emocionais, sem se importar com o custo para os outros envolvidos, controlam, mas não lideram.

Liderança é a habilidade de buscar o bem maior, quer alguém mais esteja indo nessa direção, quer não. Como diz o salmista, é a habilidade de ser uma luz para os íntegros em meio à escuridão. E muitas vezes é um papel solitário, muito solitário.

APRIMORAMENTO DA ALMA

- A liderança não é uma parte intercambiável que possa ser trocada quando se deseja. Não "revezamos" organistas, programadores de computador e contadores. A liderança é uma habilidade, um dom, um carisma. Os grupos que querem ser bem-sucedidos, sobreviver, precisam de liderança. Os grupos que matam seus líderes, matam a si próprios.

- Os verdadeiros líderes não tentam organizar uma multidão. Eles simplesmente se voltam para a direção certa, independentemente de quão solitária seja a estrada, e um dia descobrem que há uma multidão atrás deles.

- Não é necessário estar em uma posição oficial para ser um líder. Só é necessário ser corajoso, honesto e claro a respeito da meta e de seu por quê. Thomas Merton era um líder espiritual que nunca saiu do monastério e nunca promoveu um retiro. Os Beatles lideraram uma mudança de estilo na música não por meio do ensino de música, mas simplesmente fazendo algo diferente. Rosa Parks, que se recusou a ceder o assento no ônibus a um passageiro branco no Alabama, tornando-se um símbolo da luta pelos direitos civis dos negros, havia ido para a parte traseira do ônibus várias vezes antes disso. A pergunta é simples: em que você acredita, mas não fez nada ainda para realizar? Até que responda a esta pergunta, não há como saber se você é mesmo um líder ou não.

NARRATIVA VIRTUOSA

Um jovem rabino disse a seu mestre:

– Sabe, quando estudo e quando estou com os outros em grandes festejos, tenho uma forte sensação de luz e vida. Mas, assim que acaba, tudo se esvai; tudo morre em mim.

O velho rabino replicou:

– É exatamente essa a sensação de quando a pessoa anda pelos bosques à noite, quando a brisa é fresca e o perfume no ar é delicioso. Se outra pessoa se junta à primeira com uma lanterna, elas caminham juntas em segurança e alegria. Mas se chegam a uma encruzilhada e a pessoa com a lanterna segue por um caminho diferente, então a primeira pessoa precisa tatear sozinha em busca do caminho, a não ser que carregue a luz dentro de si (*Lendas hassídicas*).

VIVÊNCIA CONCRETA

Pratique uma ação em nome da justiça, da paz ou da compaixão. Torne-se "uma luz na escuridão para os íntegros".

LIDERANÇA

Misericórdia e fidelidade se encontram,
justiça e paz se abraçam.
A fidelidade brota da terra
e a justiça olha lá do céu.

Salmo 85

CANÇÃO TRÊS

Esta sociedade está presa em um combate mortal entre a misericórdia e a justiça. Que lado devemos escolher, se precisarmos escolher? Que lado queremos para nós mesmos quando fazemos tudo malfeito, quebramos as regras, violamos os códigos, sucumbimos a necessidades que não são satisfeitas em outros lugares e de outras maneiras? Qual é o lado certo?

Chamamos as pessoas que defendem a misericórdia de liberais de coração mole. Chamamos as pessoas que clamam por mais prisões, sentenças mais longas ou pena capital de justos. O que nunca parecemos considerar é que misericórdia e justiça podem ser a mesma coisa. E se não puderem ser separadas? Nesse caso, o que devemos fazer quando julgamos os outros? Do jeito que as coisas estão, no entanto, transformamos em inimigos elementos que devem estar inextricavelmente ligados para funcionar. Transformamos em opostos elementos que, se separados, serão enfraquecidos pela perda de sua outra dimensão. Achamos que devemos ser um ou outro em vez de aprendermos a ser ambos ao mesmo tempo.

Esquecemos que pode ser misericordioso impedir uma pessoa de ferir tanto a si própria quanto aos outros. Deixamos de nos lembrar que a forma mais elevada de justiça pode ser praticar a misericórdia. Até que um dia precisamos de ambas. Até que examinamos nossa própria vida e a vida daquele a quem amamos e descobrimos que estão envoltas em misericórdia, quando muitos diriam que a justiça seria exigida. Então entendemos um pouco melhor a Deus. Então entendemos tanto a misericórdia quanto a justiça de um modo diferente.

APRIMORAMENTO DA ALMA

- O mais estranho de todos os fenômenos humanos talvez seja o fato de que todos contamos com a misericórdia de Deus como algo certo, mas achamos muito difícil nós mesmos sermos misericordiosos. Se houvesse necessidade de alguma prova de que Deus é completamente "Outro", esta seria uma.

- A justiça muitas vezes é confundida com moralismo. A justiça exige que levemos em conta até os fatores atenuantes mais leves de um acontecimento. A justiça vê o motivo, as forças e as necessidades em jogo. O moralismo vê apenas a lei.

- "Por que você está na prisão?", teria perguntado Mother Jones, célebre sindicalista norte-americana do final do século XIX e início do século XX, a um jovem pobre e desempregado, na cela. "Por roubar 50 dólares", respondeu o jovem. "Que pena que você não roubou uma ferrovia", replicou ela. "Nesse caso você já estaria no senado". Faz a gente pensar, não é? Como o crime cometido pelos pobres é considerado o flagelo da nação enquanto os crimes de colarinho-branco são apenas "acidentes de percurso"? É uma pergunta que merece reflexão. A resposta pode revelar mais do que desejaríamos saber sobre nossa sociedade, sobre nós mesmos e sobre nossos padrões tanto de justiça quanto de misericórdia.

NARRATIVA VIRTUOSA

– Quem está mais próximo a Deus, o santo ou o pecador? – perguntou o aprendiz.

– Ora, o pecador, é claro – respondeu o mentor.

– Mas como isso é possível? – indagou o aprendiz.

– Porque cada vez que uma pessoa peca, ela rompe a corda que a une a Deus. Mas Deus sempre a perdoa, então a corda é reatada – explicou o mentor. – Assim, graças à misericórdia de Deus, a corda fica mais curta e o pecador fica mais próximo a Deus.

VIVÊNCIA CONCRETA

Apresente-se como voluntário a alguma organização ou faça uma doação a um grupo onde "a misericórdia e a fidelidade se encontram". Por exemplo, um restaurante que forneça alimentos aos famintos e combata a pobreza, ou um sistema de agricultura comunitária que utilize energia renovável.

Envia tua luz e tua verdade:
que elas me guiem.
Leva-me ao teu monte santo, à tua morada.

Salmo 43

CANÇÃO QUATRO

Os momentos escuros na vida – aqueles tempos em que o presente parece insuportável e o futuro, impossível – muitas vezes parecem ser vazios, inúteis. Só mais tarde, quando olhamos para trás, vemos realmente quão ricos para nós foram aqueles períodos. A escuridão, na verdade, é o início da luz. É o lugar onde somos obrigados a ver o que jamais estaríamos dispostos ou seríamos capazes de ver antes. Escuridão é ambiguidade espiritual, contradição sagrada, mistério que desarma. A principal função da escuridão neste mundo, seja qual for o tipo de escuridão, é sempre, em última análise, iluminação. O que aprendemos quando não conseguimos enxergar nosso caminho em um momento difícil da vida são descobertas que deixamos de perceber em situações melhores. Talvez, quando a vida parece boa, não precisemos observá-la com atenção. Quando a vida é fácil, simplesmente não escutamos. Quando a vida é difícil, temos o bom senso de nos perguntar por quê. Por exemplo, ouvimos muito sobre perdas na vida, mas nunca chegamos a notar a presença intangível até que alguém a quem amamos morra. Lemos um artigo depois do outro sobre a simplicidade da vida, mas nunca percebemos quão pouco é necessário para sermos felizes até que perdemos algo de grande significado. A iluminação é o momento na vida em que sobrou pouco fora de nós e, de repente, descobrimos algo em nosso íntimo que compensa todas as perdas.

Os filósofos e teólogos debatem eternamente o que todo ser humano, de um jeito ou de outro, sabe de modo inequívoco: a vida é um processo em que observamos as dimensões materiais da condição humana se enfraquecerem enquanto o espírito se fortalece, se amplia, se enriquece até a eternidade. Enquanto nossos corpos mínguam, o espírito

cresce. Esse é o paradoxo da vida. É por isso que ninguém jamais está pronto para morrer. À medida que envelhecemos, começamos a entender a vida e a realmente vivê-la bem. Esse processo é chamado de "iluminação".

APRIMORAMENTO DA ALMA

- Há momentos na vida em que tudo o que construímos, desejamos, planejamos ou armazenamos desmorona, decai e morre. O trabalho é perdido, o dinheiro se esgota, um filho morre, a família se separa, o negócio vai à falência, os sonhos de uma vida se desintegram. Escuridão é o sentimento. Desespero é a tentação. Liberdade é a esperança. Se eu conseguir me agarrar à vida com confiança, isso é iluminação. Depois disso, não há nada que eu venha a perder novamente que possa me destruir.
- Jonathan Swift escreveu: "Viva todos os dias da sua vida". Quão raro é isso! A maioria de nós passa metade do dia de hoje esperando por algum

nebuloso amanhã em vez de desfrutar o que está diante de nós agora.

- O psicólogo Carl Jung tentou ensinar ao mundo que há um lado iluminado e um lado escuro em tudo. Não importa em que ponto da vida estejamos agora, se na escuridão ou na luz, a iluminação envolve considerar o que o seu oposto exige de nós. Assim saberemos o que a vida quer de nós para completar o processo atual.

NARRATIVA VIRTUOSA

– Mestre, venho até o senhor em busca da iluminação – disse o sacerdote ao mestre espiritual.

– Bem, então – disse o mestre –, como primeiro exercício do seu retiro, vá até o pátio, recline a cabeça para trás, estenda os braços e espere até que eu vá até você.

Assim que o sacerdote se instalou no pátio, a chuva começou. Chovia, chovia, chovia sem parar.

Finalmente, o velho mestre chegou.

– E aí, padre, recebeu a iluminação hoje? – perguntou.

– Está falando sério? – replicou o sacerdote, indignado. – Estou aqui em pé com a cabeça na chuva há uma hora. Estou ensopado e me sentindo um idiota!

E o mestre falou:

– Ora, padre, para o primeiro dia de retiro isso me parece uma grande iluminação.

VIVÊNCIA CONCRETA

Pratique hoje pelo menos uma ação que nutra a sua alma, que o leve até o monte santo de Deus, à morada de Deus.

Arrebatado pela tua beleza,
conto-te meu maior desejo:
encontrar a plenitude da vida
vivendo em tua presença para sempre.

Salmo 27

CANÇÃO CINCO

Um documento do século VI, a *Regra de São Bento*, concebido para apontar o caminho para a plenitude da vida, é bastante claro: todos devem encontrar alguém sábio o bastante, atencioso o bastante, equilibrado o bastante para ajudá-los a conhecerem a si mesmos. São Bento chama isso de "Quarto degrau da humildade". A implicação é que, se não conseguimos lidar com os pensamentos, as ideias, as dores que nos consomem, não conseguiremos transcendê-los. Precisamos aprender a confiar, compartilhar, confessar nossas fraquezas, tirar nossas máscaras, estar no mundo com honestidade e autenticidade.

Isso não significa que devamos contar tudo a todos. Significa que temos de contar tudo a alguém. É por isso que escolher amigos é tão importante. É por isso que permitir que alguém entre em nossa vida é a chave de nosso desenvolvimento. Intimidade não é uma condição, é uma necessidade do crescimento humano. "Sinto-me protegida falando contigo", escreveu Emily Dickinson. Talvez não haja melhor forma de descrever os verdadeiros efeitos da intimidade. Diante daqueles que nos são íntimos nos sentimos seguros e respeitados, independentemente de quão pequenos possamos nos considerar nesse momento. A questão é se algum de nós já viveu ou não plenamente até ter conhecido tal conforto.

O salmista é claro: não somos um mundo em nós mesmos. Para encontrar a plenitude da vida, precisamos sair de nós mesmos para encontrar a Presença Divina no outro. A consciência da beleza além de nós mesmos nos chama a nos tornarmos mais do que podemos ser sozinhos.

APRIMORAMENTO DA ALMA

- Só podemos ser íntimos daqueles a quem nos permitimos sê-lo. A intimidade não é o direito de controlar o outro; é apenas a percepção

38

de que podemos confiar no outro. À pessoa de quem somos íntimos podemos abrir nossa alma, sabendo que sob nenhuma circunstância isso será usado contra nós e que essa pessoa pode se abrir conosco da mesma forma.

- Se não houver ninguém com quem você possa ser totalmente sincero – totalmente –, então não há ninguém a quem você realmente ame.
- Cuidado com as pessoas que não querem abrir espaço para mais amigos, mais atividades, novas ideias e experiências alheias. Elas estão muito mais interessadas nelas mesmas do que em você.
- O pintor Claude Monet escreveu: "Talvez eu deva às flores o fato de ter-me tornado pintor". Acredito que haja uma lição nessa frase. Você ama alguma coisa o bastante para dizer que ela mudou, moldou, participou da estruturação da sua vida?

NARRATIVA VIRTUOSA

Existia uma pessoa célebre por sua sabedoria e santidade. Quando lhe perguntavam como se tornara tão iluminado, ele dizia:

– Sei o que está na Bíblia.

Certo dia ele havia acabado de dar essa resposta a alguém que lhe perguntara, quando uma voz exasperada gritou:

– Afinal, o que é que está na Bíblia?

– Na Bíblia – respondeu o iluminado –, estão duas flores prensadas e uma carta de meu amigo Jonathan.

VIVÊNCIA CONCRETA

Corra um risco hoje. Desafie as suas ideias tendo uma conversa profunda com outra pessoa. Conte-lhe "o seu maior desejo".

Que haja espaço em vossa união.

Khalil Gibran

Como os pais são carinhosos com os filhos,
assim Deus é gentil com os que creem.

Salmo 103

CANÇÃO SEIS

"Família" é um conceito muito diferente, muito difícil para nós em nossa cultura atual. Fomos criados, muitos de nós, em uma sociedade de famílias de etnia e religião únicas em que os pais eram os "chefes de família" e as mães eram as "donas de casa", em que as cores não se misturavam e as mulheres como classe eram economicamente dependentes. O divórcio era socialmente inaceitável. As mulheres eram consideradas legalmente incapazes. A maternidade era um processo basicamente incontrolável. Era o nosso ideal de lar perfeito. Mas, em resultado, muitas crianças viviam em lares sem amor, violentos, dos quais não havia escapatória.

Lamentamos a perda daquelas estruturas ideais e, por vários motivos, com razão. O número de lares com apenas um dos pais está aumentando. O número de famílias em segunda união faz com que as crianças tenham duas famílias em tempo parcial em vez de uma só família em tempo integral. A carência na infância está se multiplicando em uma velocidade alarmante nos países mais ricos do mundo. O casamento, em muitos casos, tornou-se uma aventura bastante instável. Como resultado, tendemos a ver as formas anteriores de família como perfeitas, apesar do fato de que aqueles períodos, também, produziam grande sofrimento, até mesmo grandes pecados. As pessoas viviam em casamentos sem amor durante toda a vida. Os filhos eram desprezados, ignorados, maltratados e destituídos. As mulheres e as crianças eram abandonadas impunemente, caíam na pobreza ou eram forçadas a enfrentar infidelidades incontáveis. Se esse ideal alguma vez foi real é uma questão de grande importância social.

Ao mesmo tempo, estamos tão preocupados com a eclosão de várias formas de famílias modernas – multiétnicas, com apenas um dos pais, uni-

ficadas, mistas, misturadas e com pais do mesmo gênero – que frequentemente perdemos de vista a essência subjacente dos relacionamentos humanos. Quando rezamos "Deus de amor", esquecemos que o amor de Deus não assume forma, não tem limites, não conhece barreiras, não exige nenhum teste sistemático de comportamento. Esquecemo-nos de que o amor de Deus é incondicional e, assim, exige o mesmo de nós. Nós nos esquecemos de que apenas o amor pode produzir uma família.

Mas o salmista não se deixa enganar. O salmista fala somente e sempre do Deus que é carinhoso, do Deus que não tolera obstáculos para a aliança, do Deus que não exclui da plenitude da vida nenhuma cor, *status*, casta social ou gênero, porque esse Deus põe o amor acima da lei. O salmista nos faz examinar cada relacionamento pela qualidade que o sustenta, não pelas leis que o definem ou a estrutura que o molda.

Se quisermos nos tornar a família de Deus, a família humana, precisamos fazer o mesmo, rezar apenas para que toda família, qualquer que seja a sua forma, tenha os recursos de que necessita para

CRIANÇAS

viver com dignidade e amor, e a espiritualidade de que precisa para viver com integridade, carinho e risos, sempre.

APRIMORAMENTO DA ALMA

- "Decidir ter um filho é algo grandioso. É decidir ter o coração, para sempre, andando fora do corpo", escreveu Elizabeth Stone. O conceito está certo, mas incompleto. Todas as crianças, nossas ou não, são as portadoras da vida que deixamos atrás de nós. Em toda criança viva residem as consequências das políticas, as consciências de todos nós.
- Há uma criança em todos nós que precisa ser protegida, cuidada, nutrida, valorizada. Quem cuida da criança em você – e de quem é a criança interior que você se dispôs a amar por toda a vida? Seja ela quem for, a criança interior faz parte da sua família – independentemente de com quem você tenha parentescos legais.
- Não tenha medo de ser carinhoso. A ternura é um laço mais forte do que o sangue, mais certo do que a eternidade, mais promissor do que

a força. A ternura diz que estamos procurando pelo outro e que fomos encontrados.

NARRATIVA VIRTUOSA

O grande poeta japonês Ryokan recebeu convite do irmão para ir à casa dele e falar com seu filho, que era um delinquente.

Ryokan foi e não disse nenhuma palavra de repreensão ao rapaz. Passou a noite lá e se preparou para partir na manhã seguinte.

Enquanto o sobrinho desobediente estava amarrando as sandálias de Ryokan, sentiu uma gota caindo em sua mão. Erguendo a cabeça, viu Ryokan fitando-o com os olhos marejados de lágrimas. Ryokan então voltou para casa, e o sobrinho mudou para melhor.

VIVÊNCIA CONCRETA

Faça algo especial para uma criança hoje, seja seu próprio filho, um sobrinho ou sobrinha, um neto, uma criança pobre, uma criança que vive apenas com um dos pais. Faça algo de carinhoso a uma criança; seja tão gentil quanto Deus.

CRIANÇAS

Deus é o Criador de toda a terra,
cuida de todas as nações.

Salmo 47

Patriotismo

CANÇÃO SETE

Há dois conceitos na história norte-americana que merecem ser revistos nos tempos atuais. O primeiro é "patriotismo". O segundo é "chauvinismo". Não são sinônimos, por mais que às vezes tenhamos a tendência a transformá-los em sinônimos. Patriotismo é o amor ao país, literalmente, a terra "pai". Chauvinismo é o amor ao país que carece de espírito crítico. Ou, talvez ainda melhor, amor ao país que carece de um espírito amoroso. Quando amamos alguém a tal ponto que perdemos a capacidade de compará-lo a seu melhor potencial, não o "amamos" verdadeiramente. Nós o idolatramos.

Chauvinismo é idolatria destrutiva, o tipo de fetiche nacional que pode, se levado aos limites, acabar no holocausto dos judeus, no genocídio dos bósnios, na dizimação dos palestinos e no massacre dos nativos americanos. Mas o salmista é claro. Deus "cuida de todas as nações". O que fazemos em nome do "nacionalismo" às pessoas será avaliado à luz do que é bom para toda a criação, a nossa e a daqueles cujas vidas como nação nós afetamos.

O patriotismo, por outro lado, é um compromisso com os ideais pelos quais, como povo, nós dizemos lutar. O verdadeiro patriotismo saúda, encoraja, empenha-se nos grandes debates nacionais que questionam a guerra, resistem aos impostos e estabelecem sistemas penais.

O patriotismo faz perguntas difíceis: estamos realmente investindo o suficiente na educação neste país? Os programas de bem-estar social, como o seguro-desemprego e o Bolsa Família, são suficientes para sustentar uma família? O que exatamente uma vida ética exige em todos os níveis, em todos os tempos? Deveríamos continuar destinando uma proporção tão elevada do orçamento nacional às

Forças Armadas? Essas questões exigem sinceridade e coragem do patriota. Essas questões e outras igualmente difíceis, igualmente candentes, determinam a real direção de um país.

APRIMORAMENTO DA ALMA

- O verdadeiro patriotismo não será alcançado neste planeta até que, para cada um de nós, nosso país seja o mundo. Até então seremos todos apenas tribos lutando por um território que, para início de conversa, não nos pertence.
- Só quando viajamos para fora de nosso país entendemos o que significa pertencer a ele. É uma experiência excitante e humilhante. O verdadeiro amor ao país exige que encontremos a beleza em outras culturas e nos esforcemos para crescer com o que aprendemos com os outros. Como disse Albert Camus, "amo o meu país demais para ser nacionalista".
- A espiritualidade do patriotismo exige que demos "a César o que é de César" e nem um centavo a mais.

NARRATIVA VIRTUOSA

Durante a Segunda Guerra Mundial, uma viúva alemã escondeu refugiados judeus em sua casa. Quando os amigos descobriram a situação, ficaram extremamente assustados.

– Você está arriscando seu próprio bem-estar – disseram.

– Sei disso – respondeu ela.

– Então por que insiste nessa insensatez?

A resposta dela foi simples e precisa:

– Estou fazendo isso porque este é o momento e eu estou aqui.

VIVÊNCIA CONCRETA

Passe meia hora hoje aprendendo sobre uma cultura ou uma religião que você tema ou não entenda. Comece e termine o tempo de estudo com o verso do salmo "Deus é o Criador de toda a terra, cuida de todas as nações".

*Tremo por meu país quando penso
que Deus é justo.*

Thomas Jefferson

Guardião dos órfãos
e defensor dos viúvos,
assim é Deus, que dá
aos solitários um lar.
Salmo 68

Hospitalidade

CANÇÃO OITO

Eu era uma criança pequena, de quatro anos de idade, quando aconteceu. A chuva havia caído sobre nossa casa durante todo o dia. Sentada à janela da sala de estar, perdida nos devaneios de dias de chuva comuns a uma filha única, e contando os pingos que caíam durante horas, eu o vi sair do bosque, do outro lado da estrada. O menino era magro e estava sujo, desgrenhado e encharcado. Estava também a muitos quilômetros de qualquer outro lugar. Vi-o agachar-se sob os degraus de nossa varanda enquanto o dia ficava cada vez mais escuro. Ele não se movia. Estremeci ao vê-lo e fui falar com minha mãe. Não me lembro dos detalhes. Só me lembro dele sentado na mesa da nossa cozinha com as roupas do meu pai, a cabeça baixa, as mãos entrelaçadas sobre o colo enquanto minha mãe despejava mais uma concha de sopa na tigela dele e passava mais geleia em seu pão. Então chegaram uns caras uniformizados e o levaram para longe, enquanto eu observava de uma distância segura. Quando saiu, ele abraçou minha mãe. Ela passou os braços em torno dele e beijou-o na testa. Quem era esse estranho que havia roubado o amor de minha mãe? E por quê? Nunca me esqueci da cena.

Não é preciso refletir muito para entender por que qualidades como honestidade, autocontrole, devoção e amor são componentes da vida espiritual. Mas por que também a hospitalidade – a bela arte de ser gentil com as pessoas? Por que – entre todas as coisas – hospitalidade? A pergunta apela à imaginação da alma. Talvez nos dê algo que valha a pena pensar. Por ser um dos documentos espirituais mais antigos da civilização ocidental, a *Regra de São Bento* não fala quase nada sobre a ascese, mas menciona repetidas vezes a hospitalidade e a acolhida dos hós-

pedes? É um enigma que nos provoca uma reflexão que vale a pena fazer.

A resposta, creio, é que a hospitalidade é fundamental. É o que nos ensina todas as outras coisas na vida. Prepara-nos para lidar com todas as outras coisas. É a hospitalidade que nos ensina honestidade e autocontrole, devoção e amor, franqueza e confiança. O caminho da hospitalidade é mais difícil e mais significativo do que qualquer ascese que possamos conceber para nós.

Monges do deserto, pessoas que buscam o crescimento espiritual indo até locais remotos no Egito e no Oriente Médio para levar uma vida de solidão e prece, quebram todas as regras seguidas em nome da hospitalidade, porque permitir que uma pessoa ande pelo deserto sem água e sem ajuda é, em última análise, condená-la à morte. A hospitalidade é a arte de ter alma e mente abertas em um mundo em que, sozinhos, todos morreríamos de inanição da alma.

APRIMORAMENTO DA ALMA

- É bem fácil ser gentil com os vizinhos. É quando chegam à vizinhança pessoas que nunca vimos antes – o afro-americano dando um passeio; o muçulmano olhando para as casas; a mendiga perambulando pela cidade – que o coração humano é mais exigido. "Se somos generosos e corteses com estranhos, isso mostra que somos cidadãos do mundo", escreveu Francis Bacon.

- As Sagradas Escrituras são um catálogo das mensagens de Deus que chegaram por meio de estrangeiros. Uma história após a outra detalha as bênçãos que advêm do inesperado. Essa ideia nos faz refletir. Será que cada estrangeiro que é rejeitado é uma mensagem divina que perdemos?
- A hospitalidade não envolve apenas abrir a porta; envolve abrir o coração.
- A hospitalidade é o jeito de mudar este mundo preconceituoso, um coração de cada vez.

NARRATIVA VIRTUOSA

Certa vez, um velho rabino perguntou aos alunos como eles sabiam quando a noite havia chegado ao fim e o dia, se iniciado.

– Será que é quando se vê um animal à distância e se consegue saber se é uma ovelha ou um cachorro? – perguntou um dos alunos.

– Não – respondeu o rabino.

Outro respondeu:

– É quando se olha para uma árvore à distância e se pode saber se é uma figueira ou um pessegueiro?

– Não – respondeu o rabino.

– Então, quando é? – indagaram os alunos.

– É quando se consegue olhar no rosto de qualquer homem ou mulher e ver que é sua irmã ou seu irmão. Porque, se você ainda não conseguir ver isso, ainda é noite.

VIVÊNCIA CONCRETA

Pratique um ato de hospitalidade hoje para um vizinho: varra as folhas de sua calçada, leve-lhe uma sobremesa, ofereça-se para cuidar do bebê...

Ainda que eu ande pelo vale sombrio,
não temerei mal algum.
O teu bastão e cajado me confortam.

Salmo 23

CANÇÃO NOVE

Certa vez, conta uma velha lenda hassídica, uma congregação judaica estava muito preocupada com o fato de que o rabino desaparecia na floresta toda véspera de *Shabat*. Estaria cantando com os anjos? Estaria rezando com Elias? Estaria comungando diretamente com Deus? Então, depois de meses, eles finalmente enviaram um cantor litúrgico para segui-lo e depois lhes relatar aonde o rabino ia. Como sempre, na véspera da noite do sábado, o rabino entrou na floresta, subiu uma trilha na montanha, atravessou-lhe o cume até uma cabana, do lado mais longínquo do penhasco. E lá o cantor, olhando pela janela, viu uma senhora idosa pagã que definhava na cama, doente. O rabino varreu o chão, cortou a lenha, acendeu a lareira, preparou uma grande panela de ensopado, lavou a roupa de cama e depois saiu às pressas para voltar à sinagoga a tempo dos serviços matinais. O cantor também voltou, chegando à sinagoga sem fôlego.

– E então? – quis saber a congregação. – Nosso rabino subiu aos céus?

O cantor pensou por um minuto.

– Não, meus amigos. Nosso rabino não subiu aos céus. Nosso rabino foi muito mais alto do que isso – respondeu, com um sorriso.

Existem alguns tipos de dor que não podemos evitar. Perda. Mágoa. Rejeição. Deficiência. Mas aqueles que entram na dor dos outros sabem o que é conversar sobre o amor de um Deus que não muda as circunstâncias que nos formam, mas anda conosco a cada passo do caminho.

A dor é aquela dimensão da vida humana que nos convoca tanto a dar quanto a nos abrirmos para receber os cuidados às vezes embaraçosos, muitas

vezes incompletos, mas sempre reparadores, daqueles que simplesmente ficam ao lado dos que sofrem.

A verdadeira pergunta, pensando na história que acabamos de contar, é se a congregação manteve o velho rabino ou arranjou um novo – em nome da fé, é claro.

Suportar a dor com outra pessoa abre o coração de Deus, que sempre procura entre nós o rosto mais semelhante ao seu próprio.

APRIMORAMENTO DA ALMA

- O conforto é algo pequeno e carinhoso. Tudo que exige é a presença habitual, a escuta paciente e a preocupação genuína. Talvez seja por isso que há tão pouco dele no mundo. Ele exige que saiamos de dentro de nós mesmos e nos aproximemos dos outros sem obter nenhuma vantagem com isso. Na verdade, o conforto é algo muito caro.
- Não tenha medo de tomar consciência da dor emocional. É a única forma de identificá-la e curá-la. Caso contrário, ela irá aflorar como raiva, depressão, desespero ou falta de propósito.

Abraçar a dor, nomeá-la e aceitá-la, ironicamente, é o que faz com que ela perca a força.

- "A maré mais baixa é a da virada", escreveu Henry Wadsworth Longfellow. Quando algo termina sem explicação, sem aviso, sem preparação, algo de novo já está no horizonte. Agarre-o. Lá está a vida.

NARRATIVA VIRTUOSA

– O senhor cura as pessoas que vêm procurá-lo? – perguntou o discípulo ao mestre.

– Ah, as pessoas não vêm para ser curadas – respondeu o mestre. – Elas vêm em busca de conforto. Uma cura exigiria mudar, e essa é a última coisa no mundo que elas desejam fazer.

VIVÊNCIA CONCRETA

A música costuma ser um conforto em tempos de dor e escuridão. Envie para alguém que esteja na dor e na escuridão um CD de que essa pessoa goste, ou leve-a a um concerto. Seja um "bastão e cajado" que conforta.

Nosso principal propósito na vida é ajudar os outros. Se não puder ajudá-los, ao menos não os prejudique.
Dalai Lama

Entrega a tua vida a Deus e a justiça irá raiar para ti.
A tua integridade brilhará como o sol do meio-dia.

Salmo 37

CANÇÃO DEZ

Quando o homem empurrou a esposa escada abaixo na frente do edifício, as pessoas da vizinhança explicaram que ele era um bom homem, mas tinha problemas com a bebida, estava desempregado e não podia fazer nada, e que ela não devia importuná-lo. Escondida, vi os adultos a meu redor dando de ombros e interpretando o mundo uns para os outros. Mas mesmo aos onze anos de idade eu sabia que estavam errados. Ele podia ser bom e estar desempregado, frustrado e doente, mas muita gente se encontra nessa mesma situação. Aquilo não lhe dava o direito de ferir outra pessoa, de praticar uma injustiça contra outra pessoa, de perder o controle sobre si mesmo. A diferença entre essa situação e a de outras pessoas daquele quarteirão que também estavam em situação de penúria, eu sabia, não tinha nada a ver com as circunstâncias. Tinha algo a ver com o modo como eles haviam aprendido a encarar a vida desde o início. Havia algo faltando ali. O que era?

À medida que os anos passaram, comecei a perceber que crescer não é difícil. Mas, amadurecer é. Crescer é algo biológico e, na prática, acontece por si só. A maturidade, por outro lado, é emocional e exige esforço, exige compromisso pessoal.

A maturidade significa que algo amadureceu em nós. Algo está pronto. Algo terminou de se desenvolver. Algo se tornou tudo o que poderia vir a se tornar. Lá no fundo, naquele ponto sereno em nosso âmago, sabemos que, quando somos maduros, não estamos à mercê de nosso meio ambiente. Respondemos à vida; não reagimos a ela.

O salmista nomeia as qualidades que constituem a maturidade: compromisso, justiça, integridade e espiritualidade. A pessoa madura vive baseada em Deus, cumpre responsabilidades, dá ao mundo

o que lhe é devido e possui o tipo de autoconhecimento que leva ao crescimento até o dia em que morre. Adultos não prejudicam outras pessoas para satisfazer seus desequilíbrios emocionais e depois encontram desculpas para isso.

APRIMORAMENTO DA ALMA

- A vida não é única. Todos sofremos, amamos, mudamos, lutamos e morremos. O que é único é apenas o modo como lidamos com ela. Alguns lutam o tempo todo; outros, os emocionalmente adultos, aprendem a aceitar cada curva da estrada com boa vontade e esperança.
- Ser adulto significa ser capaz de assumir responsabilidade pelas gerações tanto anteriores quanto posteriores. Não é adulto ganhar dinheiro à custa do futuro de nossos filhos. Não é adulto cuidar de nós mesmos e ignorar as necessidades daqueles que nos prepararam para sucedê-los. Ser adulto é pagar nossas dívidas para com o resto do mundo.

- O adulto é alguém tão atento às próprias deficiências na vida que é sempre gentil com as deficiências e necessidades dos outros.

NARRATIVA VIRTUOSA

– Quando eu tinha dez anos – um gracejador escreveu no muro –, eu me preocupava com o que meus pais pensariam de mim. Quando eu tinha vinte anos, eu me preocupava com o que meus amigos pensariam de mim. Quando eu tinha trinta anos, eu me preocupava com o que meus patrões pensariam de mim. Quando eu tinha quarenta anos, eu me preocupava com o que meus vizinhos pensariam de mim. Só quando cheguei aos cinquenta percebi que ninguém pensava em mim.

VIVÊNCIA CONCRETA

Nomeie uma pessoa que você conhece cuja integridade "brilha como o sol do meio-dia". Envie a essa pessoa um cartão ou telefone para ela hoje. Diga a essa pessoa por que a integridade dela significa tanto para você.

*Não tente ser santo. Não vai funcionar.
Tente apenas ser humano. É mais difícil.*

John Dufresene

A ti, Senhor, elevo a minha alma.
Confio em ti […]. Alivia as angústias
do meu coração!

Salmo 25

Estresse

CANÇÃO ONZE

Comprei um computador quando eles ainda eram anunciados como "poupadores de tempo". Já notaram que não são mais anunciados assim? A verdade é que não é preciso ser um gênio para perceber que os computadores não poupam tempo coisa nenhuma. Eles apenas nos permitem fazer coisas duas vezes mais rápido do que faríamos sem eles, de modo que agora podemos fazer o dobro do que fazíamos no mesmo tempo.

O ritmo de vida está acelerando a cada dia. Todos querem respostas instantâneas para tudo. A paciência é um artefato espiritual como gárgulas nas catedrais e *memorabilia* em santuários. A ideia de ter de esperar por alguma coisa pertence ao passado no Ocidente. A comida é rápida (*fast-food*); a comunicação é instantânea; os seres humanos são transportados por trens subterrâneos e aeronaves; as pessoas lavam quilos de roupa por dia em máquinas com temporizadores programados por minuto; o dinheiro retirado de contas bancárias de um país sai por buracos na parede em vielas de cidadezinhas de outros países em questão de segundos. As pequenas atividades da vida, as quais costumávamos levar horas e dias para fazer – cozinhar, fazer compras, ir ao banco, caminhar de um lugar a outro, visitar e estabelecer contato com pessoas –, estão se acelerando em proporções estonteantes. Somos puxados em todas as direções para ir mais rápido, fazer mais, pensar menos. Corremos do nascimento até a morte, de lugar a lugar, da concepção natural até a clonagem em tubo de ensaio em tempo recorde, com pouca ou nenhuma oportunidade de integrar qualquer dessas atividades em nossa alma, de avaliá-las com nossa mente, de aprender a lidar com o efeito

de uma parte da vida sobre nós, antes que tenhamos de enfrentar as exigências da seguinte.

Os profissionais chamam isso de "estresse". Os contemplativos chamam de "falta de equilíbrio" na vida. O analista social Alvin Toffler chama de "choque do futuro" a incapacidade de lidar espiritual e psicologicamente com os efeitos crescentes da tecnologia em nossa vida diária.

Como sobreviveremos a tudo isso – sem entrar em colapso, sem desistir, sem rejeitar exatamente aquelas coisas com que mais deveríamos nos preocupar –, em um mundo rapidamente em transformação, se a humanidade quiser permanecer humana?

O salmista é claro: as angústias são aliviadas se seguirmos os bons princípios. Não é tanto o quanto fazemos que determina o grau de estresse a que somos submetidos. É a atitude com que o fazemos que define o efeito que ele exerce sobre nós. É a reserva espiritual que trazemos para as situações naturais que determina o preço que temos de pagar para sobreviver ao ritmo enlouquecido do tempo.

APRIMORAMENTO DA ALMA

- O estresse nos fortalece, é verdade, mas também nos castiga. Aprendemos que, se sobrevivemos, não sobrevivemos sozinhos.
- O problema do estresse é que tê-lo em grau insuficiente nos transforma em fracotes emocionais e tê-lo em grau exagerado nos deixa mental e fisicamente exaustos. A quantidade certa de estresse é a necessária para que nos alcemos além de nossa zona de conforto sem perder quase todo ou todo o conforto.
- Um provérbio iugoslavo diz: "O que é impossível mudar é melhor esquecer". Mas não esquecemos. Em vez disso, concentramos todas as nossas energias nisso e nos perguntamos por que não desfrutamos a vida como costumávamos fazer.

NARRATIVA VIRTUOSA

Certa vez, dois ladrões estavam sendo submetidos a um julgamento por provação.

Se conseguissem andar por uma corda sobre o desfiladeiro, seriam considerados inocentes e pou-

pados. Se, por outro lado, não conseguissem fazer a travessia, acreditariam que eles estavam sendo "executados" pelos deuses por serem culpados.

Naquele dia, o primeiro ladrão conseguiu chegar ao outro lado. O segundo ladrão, aterrorizado, gritou para ele do outro lado do precipício:

– Como você fez?

E o primeiro ladrão gritou em resposta:

– Não sei. Tudo o que sei é que, quando percebia que estava pendendo para um lado, me inclinava para o outro.

Eis a lição a aprender: um coração que confia é o que possibilita que nos inclinemos para a esquerda quando a vida pende para a direita. Isso se chama, com muita propriedade, "equilíbrio".

VIVÊNCIA CONCRETA

Registre as suas atividades, hora a hora, durante três dias. Então dedique trinta minutos a ler e refletir sobre o registro. O que você descobriu sobre equilíbrio, estresse, trabalho e diversão? Se não está satisfeito com os resultados, faça algo para mudar. Se estiver satisfeito, agradeça a Deus.

ESTRESSE

Quanto a nós, nossos dias são como a relva;
florescemos… o vento sopra…
Logo nos vamos.
Salmo 103

Tempo

CANÇÃO DOZE

O salmista fala de uma situação social com a qual nossa geração e cultura precisam aprender: para o salmista, a vida é temporária, frágil, cotidianamente "resgatada da sepultura". A sobrevivência é uma questão de grandioso esforço humano e provação natural. A terra a ser cultivada é deserta; a água é escassa; a vegetação é dispersa, mirrada e frágil. A vida cotidiana é uma bênção de proporções gigantescas.

Mas agora achamos que a vida é inesgotável. Sentimo-nos invulneráveis. Em decorrência, perdemos de vista a breve dádiva do tempo e nossas necessidades. Conhecemos melhor as necessidades e fraquezas dos outros do que as nossas.

Agimos como se fôssemos viver para sempre. Passamos o tempo como se não houvesse nada além do tempo. Desperdiçamos as melhores coisas da vida: os compromissos evangélicos, a família, a oração, a natureza, a responsabilidade por diversão e por coisas que nos servem – ambição, roupas, consumo, diversão.

Achamos que temos todo o tempo do mundo. Faremos o que precisa ser feito depois; vamos nos reconciliar "depois"; vamos sossegar "depois"; vamos rezar "depois"; vamos organizar nossa vida "depois"; vamos estudar a questão nuclear, a questão econômica, a questão racial, a questão do sexismo "depois". Depois que terminarmos as coisas tão importantes que estamos fazendo agora.

Apesar de tudo isso, hoje também fomos "resgatados da sepultura". A questão é: "por quê?". Qualquer que seja o motivo, faça o que tem de fazer agora.

APRIMORAMENTO DA ALMA

- É uma vida sem valor, na verdade, a que se centra apenas em si mesma. Pense por um instante em como você passa o tempo. Se morresse amanhã, quem além de você mesmo notaria? Quais vidas além da sua própria perderiam alguma coisa? Se o número de pessoas em que puder pensar pode ser contado com as duas mãos, talvez você deva pensar em entrar para alguma organização que preste serviços sociais e trabalhar como voluntário.

- Somos as únicas mãos que Deus possui. A criação continua sendo criada por meio de nós. O que você está fazendo neste momento de sua vida de tudo o que Deus deseja que seja feito para o mundo?

- O salmista nos lembra que, por mais longa que seja a vida, é ainda curta demais para ser desperdiçada. Mas o que exatamente significa "desperdiçar" o tempo? Os puritanos diriam que estamos desperdiçando tempo quando não estamos ocupados em algum tipo de trabalho útil. Os norte-americanos diriam que é um período em que não estamos nos movendo em direção a determinado objetivo. O hedonista diria que é quando não estamos nos divertindo. O salmista diria que é um período em que deixamos de viver a vida plenamente, de tomar consciência dela e de seu significado para nós em algum momento. Que vida você está levando? É boa para você?

NARRATIVA VIRTUOSA

Eu tinha apenas um desejo: entregar-me completamente a Deus. Então segui para o mosteiro. Um velho monge me perguntou:

– O que você quer?

Respondi:

– Só quero me entregar a Deus.

Esperava que ele fosse gentil, paternal, mas ele gritou comigo:

– AGORA!

Fiquei atordoado. Ele gritou de novo:

– AGORA!

Então ele pegou um porrete e veio em minha direção. Eu me virei e corri. Ele veio atrás de mim, brandindo o porrete e gritando:

– AGORA, AGORA!

Isso foi anos atrás. Ele ainda me segue, por onde quer que eu ande. Sempre com o porrete, sempre gritando "AGORA!" (*Tales of a Magic Monastery* [Histórias de um mosteiro mágico]).

VIVÊNCIA CONCRETA

Todos os dias faça pelo menos uma coisa de que realmente goste. Gosta de ficar sozinho? Faça-o. Gosta de ler, tocar piano ou pintar? Faça-o. Gosta de passar o tempo com amigos? Telefone para eles. Planeje. Não deixe "todos os seus dias se dissiparem...".

Quando o Senhor trouxe Israel
de volta de Sião, pareceu um sonho.
Então nossa boca se encheu de risos;
em nossos lábios havia
canções de alegria.

Salmo 126

CANÇÃO TREZE

O salmo nos fala do riso, um exercício espiritual frequentemente negligenciado. O importante a compreender neste salmo é que ele ocorre após a destruição de Jerusalém e o cativeiro babilônico. Aquele povo havia sofrido muito. Mas, quando recuperaram a liberdade, não se tornaram amargos. Aprenderam a rir – e nós também devemos fazê-lo.

A função do humor não é fazer pouco caso do que é sério. A função de uma boa história é possibilitar que vejamos a vida de forma diferente do que costumamos ver, derrubar os poderosos de seus tronos para que todos voltemos a ser iguais.

O humor dá ânimo a um povo quando ele não tem outra defesa. Os judeus adoravam, por exemplo, contar a história de um velho que, trajando chapéu alto de aba larga e filactério, aparecia no posto local da Gestapo. Ele segurava nas mãos um anúncio conclamando os arianos jovens e saudáveis a prestarem serviço ao Führer.

– O que você está fazendo aqui? – perguntou o comandante ao velho judeu.

– Vim por causa desse anúncio – disse o velho.

– O quê? – perguntou o comandante, incrédulo. – Isso é ridículo. Você não é jovem.

– Não. Tenho setenta e três anos – disse o velho.

– E com certeza também não é ariano.

– Não. Sou judeu, de pai e mãe.

– E você obviamente não está disposto a servir ao Führer.

– Não – concordou o velho. – Jamais faria nada por ele.

– Então, por que está aqui? – indagou o comandante, furioso.

– Ora – disse o velho judeu –, só vim lhes avisar que não contem comigo.

Conclusão: o humor dá a um povo dignidade em situações que o aviltam. O riso nos dá alívio das aflições cotidianas. Nenhuma coerção quebra um espírito inquebrável, o humor nos ensina. E algum dia aquele velho arguto, enterrado no fundo de nossa alma, torna-se o santo patrono de nossa resistência silenciosa, zombeteira, a sistemas que nos rejeitam, mas não conseguem sobreviver ao nosso desdém. O humor diminui o tamanho dos opressores, tira-lhes o ferrão, torna-os impotentes para nos destruir. Não ceda diante do que o diminui. Aprenda a rir disso e reduza o poder que exerce sobre você.

APRIMORAMENTO DA ALMA

* Meu Deus é um Deus que ri. E por que não? Aqui estamos – correndo pela vida supondo que tudo depende de nós. E nada é perfeito ainda. Não seria de pensar que nos acostumaríamos com a imperfeição? Não admira que Deus nos

ache tão engraçados. Bem, melhor engraçados do que insuportáveis.

- Nunca confunda humor com ridicularização. O humor limpa a alma de tensões; a ridicularização cria tensão. A ridicularização transforma as pessoas em alvo de escárnio e tira a alegria de viver. Machuca. Quando rimos do que não é um mero deslize, de algo que não se pode mudar, do que não é o triunfo da inocência sobre a grandeza, isso não é humor. Rir de defeitos físicos, de características étnicas, do esforço humano, não é engraçado. Esse é um riso que se transforma em arma.

- "Meu médico me deu seis meses de vida, mas quando não consegui pagar a conta, ele me deu mais seis meses", disse Walter Matthau. Entende o que quero dizer? Pensar no impensável faz com que nos sintamos melhor de imediato.

NARRATIVA VIRTUOSA

Sobre o grande Mestre Zen Rinzai, conta-se que, todas as noites, a última coisa que fazia antes de ir

para a cama era dar uma boa gargalhada, que ressoava pelos corredores e era escutada em todos os pavilhões do mosteiro.

E a primeira coisa que fazia quando acordava, ao amanhecer, era cair na gargalhada, rindo tão alto que acordava todos os monges, não importa quão profundo fosse o sono deles.

Os discípulos sempre lhe pediam que lhes contasse por que ria, mas ele não respondia. E quando ele morreu, levou consigo para o túmulo o segredo de suas gargalhadas (Anthony de Mello, *Taking Flight* [Alçando voo]).

VIVÊNCIA CONCRETA

Alugue um filme que faça você rir, um que "encha a sua boca de risos; ponha canções de alegria em seus lábios". Não se esqueça de fazer pipoca!

O que mais tenho nos céus além de ti?
Além de ti, nada mais desejo na terra.
Meu coração salta de alegria, pois tu,
Ó Deus, és o meu quinhão para sempre!

Salmo 73

Simplicidade

CANÇÃO QUATORZE

Não é fácil escrever sobre a simplicidade em um mundo complexo. É ainda mais difícil pensar sobre isso. O conceito parece evocar uma de duas reações: culpa ("tenho demais, mas não tenho nenhuma ideia de como viver de outro jeito") ou ridículo ("eu sei, não posso ter tudo. Onde eu iria guardar?"). O fato é que a frugalidade é uma simplicidade barata. A simplicidade requer muito mais de nós do que apenas nos livrarmos de aparelhos que não desejamos ou do supérfluo de que não necessitamos. A simplicidade requer que aprendamos como viver uma vida centrada, "tornar Deus o teu quinhão", em um mundo que despedaça nossos dias, nossa vida, nossa mente em fragmentos emaranhados.

Será que a simplicidade não é o que os antigos chamavam de "pureza de coração" – buscar com determinação a essência da vida em vez de cobiçar as suas franjas decorativas?

A simplicidade é a abertura à beleza do presente, qualquer que seja a sua forma, quaisquer que sejam as suas carências. A simplicidade, claramente, leva à liberdade da alma. Quando cultivamos um senso de "suficiência", quando aprendemos a desfrutar das coisas por elas mesmas, quando aprendemos a ser gentis com o que falta em nós mesmos, nós nos vemos livres para estar onde estamos e deixamos de lamentar não estarmos em outro lugar.

A simplicidade da vida em um mundo complexo e complicado é marcada, creio, por quatro características: uma vida é simples se for sincera; se for livre de estorvos; se estiver aberta às ideias dos outros; se for serena em meio a um impulso descontrolado que beira o caótico. Em qual dessas características você se destaca? E qual é a que você menos cultiva?

APRIMORAMENTO DA ALMA

- A simplicidade da vida é o que a Irmã Madeleva Wolff, CSC, poeta e reitora, chamava de "o controle habitualmente descontraído". Não é o que acumulamos, em outras palavras, que mede a simplicidade de nossas vidas; é aquilo de que estamos dispostos a abrir mão quando precisamos, quando devemos.

- É quando resolvemos moldar cada elemento da vida conforme nossos projetos que perdemos todo o senso de simplicidade. "Seguir a corrente" é um método espiritual bastante libertador que é bom para os relacionamentos interpessoais, a vida social e as úlceras.

- Fingir ser o que não somos, que estamos em uma situação um pouco melhor, que somos um tantinho mais instruídos do que realmente somos, com uma família mais abastada do que realmente temos, coloca-nos em uma posição de eterno risco. Alguém com certeza acabará descobrindo. Não seria menos estressante, além de uma demonstração de santa simplicidade, ser sincero a respeito de tudo?

NARRATIVA VIRTUOSA

Ryokan, mestre Zen, levava o tipo de vida mais simples possível em uma pequena cabana ao pé de uma montanha. Certo fim de tarde, um ladrão visitou a cabana, mas acabou descobrindo que não havia nada lá para roubar.

Ryokan voltou e o apanhou em flagrante.

– Você veio de longe para me visitar – disse ele ao ladrão – e não deve voltar de mãos vazias. Por favor, leve minhas roupas como presente.

O ladrão ficou perplexo. Pegou as roupas e bateu em retirada.

– Pobre sujeito – ponderou Ryokan. – Gostaria de poder dar a ele esta bela lua.

VIVÊNCIA CONCRETA

Doe três coisas hoje: um objeto que não seja útil para você, um objeto que você preze e um objeto que acabou de comprar.

*Só possuímos o que não pode ser perdido
em um naufrágio.*

Provérbio árabe

Tu amas àqueles que buscam a verdade.
Centra-me na sabedoria, pois
conheces minhas fraquezas.
Salmo 51

CANÇÃO QUINZE

A máxima "Conhece-te a ti mesmo", inscrita no santuário do Oráculo de Apolo, em Delfos, na Grécia do século VI a.C., é uma das diretrizes mais antigas na filosofia ocidental. É um bom conselho. Muitas vezes projetamos em outras pessoas as tendências que deixamos de reconhecer em nós mesmos. Em nosso tempo, contudo, devemos nos preocupar com a autoestima tanto quanto com o autoconhecimento. Ambas as atitudes são valiosas. Mas ambas são insuficientes, em minha opinião.

O autoconhecimento nos dá perspectiva e a autoestima nos dá confiança, mas é a autoaceitação que nos dá paz de espírito. Implica, é claro, que eu conheça e valorize a mim mesmo. Entretanto, a não ser que eu comece, simplesmente, a me aceitar, é possível que nenhuma das duas outras dimensões adquira vida em mim. Obviamente, mesmo que eu saiba quem sou, mesmo que eu admita a verdade sobre mim mesmo, se eu não aceitar o que vejo ali, jamais conseguirei valorizá-lo. Pior: viverei com medo de que outra pessoa veja o meu âmago e me rejeite também.

Mas o salmista nos ensina que é exatamente aí que o Deus que nos gerou, nosso amoroso Deus Mãe, passa a ser o sustentáculo – e não a ameaça – em nossa vida. Deus sabe exatamente quem somos. Deus conhece nossas fraquezas. E Deus as aceita. E as recolhe dentro de nós. Deus nos ama, não apesar delas, mas por causa delas, por causa do esforço que elas implicam e da confiança que exigem. Há glória em nossa argila. Há beleza em se transformar. A noção estática da vida, a ideia de que podemos nos tornar algo e ficarmos desse jeito, é falsa. Enfrentamos a renovação durante toda a vida. Buscamos a verdade todos os dias de nossa vida. E Deus nos ama pela busca. O que precisamos não é de perfeição. O

que precisamos é de um centro que nos estabilize em tempos de mudança, dentro de nós assim como a nosso redor.

APRIMORAMENTO DA ALMA

- "Centra-me na sabedoria", o salmista nos ensina a rezar. Todos estão centrados em algo. Em cada um de nós existe aquele ímã interno que orienta nossas decisões e ocupa nossos pensamentos. Para alguns, é o medo; para outros, a ambição; para muitos, é a aceitação social; para uma porção da humanidade, é a independência; para os verdadeiros desafortunados, é a perfeição de um tipo ou de outro. Quando o ímã interno é a sabedoria, contudo, conseguimos aceitar a vida como ela é e ficamos felizes por aprendermos com ela, em vez de sermos esmagados por ela.
- Qualquer um que diga que quer ser jovem novamente é tolo ou mentiroso. Em primeiro lugar, aquele período não é mais fácil do que este. Muitas vezes é mais difícil, na verdade. Em segundo lugar, a tarefa daquele tempo era trazer-nos até

AUTOACEITAÇÃO

este aqui. Há algo para nós no agora que tornará o futuro ainda melhor, se apenas continuarmos seguindo em sua direção. Não pare de viver só porque a vida não é perfeita.

- Escrevo minha vida com meu próprio sangue. Todo o resto é impostura. Quando sofrer, saberei o que é sofrimento. Quando fracassar, descobrirei o que é sobrevivência. Quando amar, saberei o que é abnegação. E quando soubermos tudo isso, seremos sábios e plenamente vivos.

NARRATIVA VIRTUOSA

Fui neurótico por muitos anos. Era ansioso, deprimido e egoísta. E todos ficavam me dizendo para mudar. E todos ficavam me dizendo quão neurótico eu era. E eu ficava chateado com eles, e concordava com eles, e queria mudar, mas simplesmente não conseguia, por mais que tentasse.

O que mais me doía era que meu melhor amigo também ficava me dizendo quão neurótico eu era. Eu era mesmo. Ele também ficava insistindo em que eu mudasse. E eu concordava com ele também,

embora não conseguisse ficar chateado com ele. E me sentia impotente e enclausurado.

Então um dia ele me falou:

– Não mude. Fique como está. Na verdade, não importa se você mudar ou não. Gosto de você como você é; não consigo deixar de gostar de você.

Essas palavras soaram como música aos meus ouvidos: "Não mude. Não mude. Não mude. Gosto de você".

Então fiquei tranquilo. E revivi. E, maravilha das maravilhas, mudei (Anthony de Mello, *O Canto do Pássaro*).

VIVÊNCIA CONCRETA

Fique diante do espelho hoje e sorria. Repita os versos do salmo cinco vezes: "Tu amas àqueles que buscam a verdade. Centra-me na sabedoria, pois conheces minhas fraquezas".

Sou como uma oliveira,
crescendo na casa de Deus.

Salmo 52

CANÇÃO DEZESSEIS

A vida não é cumprir formalidades mecanicamente do nascimento até a morte. A vida é desenvolver-se até atingir uma alegria incontida. A vida é confiar em nossos talentos e seguir nossos dons. Mas como? A oliveira é uma pista para a resposta, mesmo hoje.

A oliveira é uma imagem muito importante e muito significativa na literatura judaica. Para a mente judaica, crescer como "uma oliveira" não é algo menor. Não é fácil cultivar árvores no Oriente Médio. A areia não é um ambiente propício para a silvicultura. Apesar disso, há uma árvore que parece prosperar em meio à dificuldade do processo. Há uma árvore com talento natural para a vida no meio do nada. A oliveira desenvolve uma madeira sólida em terreno árido, com pouca água, por um longo, longo tempo.

"Crescer como uma oliveira" significa, então, crescer sem muita ajuda, tornar-se vigoroso, crescer bastante e com muito pouca nutrição. A oliveira não precisa de muito para se desenvolver; dá madeira boa ao final de um longo e lento processo de crescimento e não morre facilmente, às vezes dura milhares de anos. A oliveira tem talento para a vida. De fato, existem algumas no Jardim das Oliveiras que os estudiosos estimam que estivessem lá na noite da última Ceia, quando Cristo foi rezar ali. Surpreendente, não é?

Nesta cultura, nesta era, por outro lado, a tentação é pensar que tudo – inclusive nossas habilidades naturais – precisa vir facilmente. Queremos serviço rápido e resultados imediatos. Queremos muito por nada. Queremos um grau máximo de retorno pela mínima quantidade de esforço. E queremos abandonar tudo o que não funcionar da primeira vez. Há muito pouco da concentrada, vigorosa e persistente

oliveira em nós. Há muito pouco talento para o talento em nós.

Apesar disso, os talentos que jazem adormecidos em nossa alma nos destroem a partir de dentro. Se não aprendermos a dar vida a eles em nós, lenta, paciente e dolorosamente (se necessário), corremos o risco de nos transformar em robôs.

Entregamo-nos à dor de uma morte em vida. O talento é um dom que não vai embora.

APRIMORAMENTO DA ALMA

- Ter talento para a jardinagem e não o desenvolver é privar o mundo de cor. Imagine quão cinzento o mundo seria se nenhum jardineiro levasse o cultivo de flores a sério. A pergunta é: do que você está privando o mundo?
- O talento sem a perseverança necessária para desenvolvê-lo não tem grande valor. Muitas pessoas passam a vida falando sobre o que poderiam ter feito se apenas tivessem perseverado durante o tempo necessário para o esforço produzir frutos.

- Vladimir Nabokov escreveu, com grande perspicácia: "Gênio é um africano que consegue imaginar a neve". O gênio, em outras palavras, sempre faz o impossível. Não tenha medo das novas ideias que vêm de lugares estranhos. Passe cada uma delas na peneira com cuidado, mas com a esperança de quem procura diamantes na areia branca.

NARRATIVA VIRTUOSA

Um escritor chegou ao mosteiro para escrever um livro sobre o Iluminado.

– Dizem que o senhor é um gênio. É mesmo? – perguntou o escritor.

– Pode-se dizer que sim – disse o Iluminado.

– E o que o torna um gênio? – insistiu o escritor.

– A capacidade de reconhecer – respondeu o Iluminado.

– Reconhecer o quê? – perguntou o escritor.

– Um gênio – respondeu o Iluminado – é alguém que consegue perceber a borboleta numa lagarta; a águia num ovo; o santo num ser humano egoísta.

VIVÊNCIA CONCRETA

"Siga sua felicidade", escreveu Joseph Campbell, "e nunca mais irá trabalhar na vida". O que você considera que lhe trará felicidade? É, provavelmente, o seu talento. "Siga sua felicidade" hoje.

Mantive meu pecado em segredo
e meus ossos se consumiam.
Dia e noite a tua mão pesava sobre mim.

Salmo 32

Perdão

CANÇÃO DEZESSETE

Este salmo é uma ótima obra de psicologia sobre os fardos que carregamos dentro de nós, nossos pecados não perdoados.

Quando não enfrentamos nossas faltas, nossos problemas, nossas fraquezas, nossas raivas, nosso senso de inadequação – pior, quando jogamos a culpa deles nos outros, ou os negamos, ou achamos que precisamos ser perfeitos, ou nos tornamos defensivos –, nos recusamos a aceitar a nós mesmos. Todos os médicos e psicólogos percebem o efeito disso em seus consultórios todos os dias.

Todos temos coisas a serem perdoadas ou que precisamos enfrentar. Praticamos ações pelas quais sabemos que devemos pedir perdão a outras pessoas, mas o orgulho e a teimosia nos impedem.

Esses problemas se tornam uma barreira entre nós e a comunidade, uma nódoa na garganta, um bloqueio à verdadeira felicidade. E nada fará ficar melhor até que você os enfrente.

O perdão ocorre quando deixamos de ficar ressentidos: então somos fortes o bastante para sermos independentes daquilo, daquele ou daquela que tão cruelmente desvelou essa necessidade em nós. O perdão não é o problema; o que exaure todas as nossas forças é continuar vivendo até que ele chegue.

Algumas pessoas acham que o perdão é incompleto até que tudo volte a ser como era antes. Mas a verdade é que, depois de uma grande mágoa, as coisas nunca voltam a ser como eram antes; só podem ficar melhores ou não mudarem. Ambas as situações são aceitáveis na vida.

"A vida é uma aventura de perdão", disse Norman Cousins. Em outras palavras, você terá muitas oportunidades de praticá-lo. Não espere demais para começar, ou a vida terá terminado antes que comece a vivê-la.

APRIMORAMENTO DA ALMA

- Aqueles que cultivaram a humildade e a autocrítica conhecem por experiência pessoal a dor do fracasso e, dessa forma, conseguem se elevar a alturas ainda maiores, porque suas lágrimas os tornaram completos.
- Não confunda fraqueza com pecado. A maioria de nós luta contra algo que jamais conseguirá vencer. É exatamente essa luta que pode evocar a compaixão dos outros.
- O valor do pecado é aprender o perdão: como obtê-lo e como dá-lo também.
- A incapacidade de perdoar outra pessoa quase certamente vem de uma incapacidade de perdoarmos a nós mesmos. Se insistimos na necessidade de sermos perfeitos – como se o fracasso não proporcionasse lições de vida –, jamais seremos capazes de perdoar outras pessoas.

NARRATIVA VIRTUOSA

Certa vez um dos monges de Sceta, em Alexandria, cometeu um pecado. Os superiores se reuniram em assembleia e mandaram chamar o abade Moisés. Este, contudo, não quis ir.

Então o sacerdote enviou-lhe uma mensagem, dizendo: "Venha, todos o estão esperando".

Finalmente ele se levantou para sair. Pegou uma cesta gasta, cheia de furos, encheu-a de areia e seguiu carregando-a pelo caminho.

Aqueles que vieram saudá-lo perguntaram:

– O que é isso, abade?

O abade respondeu:

– Meus pecados estão escorrendo como a areia atrás de mim, mas não consigo vê-los. E hoje eu vim julgar os pecados de outra pessoa.

Quando escutaram isso, os monges não disseram nada ao monge pecador e o perdoaram (*Relatos dos Padres e Madres do Deserto*).

VIVÊNCIA CONCRETA

Já ouviu falar em "atos aleatórios de bondade"? Pratique hoje um ato aleatório de bondade. Você escolhe. Há alguém com quem não fala há anos, meses, semanas? Envie-lhe um cartão. Telefone. Ou talvez você precise se perdoar por alguma coisa. Tente!

PERDÃO

Minha alma espera por ti;
conto com a tua palavra.

Salmo 130

Compromisso

CANÇÃO DEZOITO

O compromisso e o entusiasmo são dois conceitos que, infelizmente, muitas vezes se confundem.

O compromisso é a qualidade da vida que depende mais da capacidade de esperar – nos bons e nos maus tempos – por algo que virá a se concretizar do que da capacidade de aguentar uma emoção extrema por um longo período de tempo. O entusiasmo é a excitação alimentada pela satisfação.

A confusão entre as duas ideias é, no entanto, exatamente o que leva tanta gente a desistir no meio de um projeto. Quando o trabalho deixa de ser agradável, quando rezar pela paz não leva a nenhum lugar, quando o aconselhamento matrimonial não revigora o casamento, quando os projetos, os planos e as esperanças não só fracassam como naufragam, é aí que o compromisso realmente começa. Quando o entusiasmo esmorece, o amor romântico morre e a apatia moral – uma perda debilitante de propósito e energia – se estabelece, esse é o momento em que somos instados a dar tanto quanto recebemos. É aí que o que pensávamos que era uma aventura se transforma em compromisso. Às vezes um compromisso longo, difícil, exigente, que nos tenta a cair em desespero. Como se Deus alguma vez abandonasse os bons. Como se esperar pelos bons tempos de Deus fosse um prejuízo para nós. Como se a Palavra de amor de Deus pudesse nos falhar ao fim de tudo.

Certa vez, a pomba disse à nuvem:
– Quantos flocos de neve são necessários para quebrar um galho?
– Não tenho a menor ideia – respondeu a nuvem.
– Eu simplesmente continuo nevando até que isso aconteça.

– Mmmmmm – ponderou a pombinha. – Eu me pergunto quantas vozes serão necessárias até que a paz chegue?

O compromisso é a virtude da natureza humana que nos diz para não contar os dias, meses ou anos, as conversas, esforços ou rejeições, mas apenas continuar até que "todas as coisas estejam no tempo da plenitude", até que tudo esteja pronto, até que todos os corações estejam esperando que a Palavra de Deus se realize nessa situação.

Quando nos sentimos mais desencorajados, mais fatigados, mais sozinhos, é precisamente o momento em que não devemos desistir.

APRIMORAMENTO DA ALMA

- "A coisa mais importante de todas é a solicitude", escreveu Friedrich Von Hügel. "A solicitude é tudo." E ele bem o sabia. Von Hügel, o teólogo leigo cujas obras ajudaram a inaugurar a era dos estudos teológicos e bíblicos modernos, encontrou resistência de todos os lados na sua amada

Igreja. Não obstante, perseverou, e seu legado continua vivo em nós. Aliás, mesmo diante de toda pressão, essas foram as últimas palavras que ele pronunciou. Em seu leito de morte. Isso que é compromisso!

- Como você sabe se está realmente comprometido com algo? Fácil. Quando o que acontece com esse algo o afeta, você está comprometido com ele, por mais que isso o faça sofrer.
- Mae West disse certa vez: "Uma coisa boa em excesso é maravilhoso". Que libertador! Essa ideia sugere que o compromisso é a capacidade de se empolgar por algo. Se não há nada em sua vida que o faça perder o equilíbrio, você ainda não começou a viver.

NARRATIVA VIRTUOSA

Um monge Zen no Japão queria publicar os livros sagrados, que naquela época estavam disponíveis apenas em chinês. Os livros deveriam ser impressos em blocos de madeira em uma edição de sete mil cópias, um empreendimento fabuloso.

O monge começou viajando e coletando doações para esse propósito. Uns poucos simpatizantes lhe doaram uma centena de moedas de ouro, mas a maior parte do tempo ele recebia apenas moedas de pequeno valor. Depois de dez anos, o monge havia reunido dinheiro suficiente para iniciar a tarefa.

Mas então houve uma enchente terrível na região, e seguiu-se um tempo de escassez. Assim, o monge pegou os fundos que havia coletado para os livros e gastou-os salvando outras pessoas da fome. Depois começou o trabalho de coleta outra vez.

Quinze anos mais tarde, uma epidemia se espalhou pelo país. Para ajudar seu povo, o monge mais uma vez doou o dinheiro que havia coletado.

Por uma terceira vez ele reiniciou o trabalho, e depois de vinte anos seu desejo foi realizado – os livros foram impressos. Os clichês de impressão que produziram a primeira edição dos livros sagrados podem ser vistos hoje em um mosteiro de Kyoto.

Os japoneses, contudo, contam aos filhos que o monge, na verdade, fez três séries de livros sagrados. E explicam, com muito orgulho, que as duas primeiras séries invisíveis ultrapassam a terceira.

VIVÊNCIA CONCRETA

Requer esforço manter a paixão do compromisso ardendo. Tente reavivar a paixão de um compromisso que perdeu a força em sua vida; uma promessa, um relacionamento pessoal, uma causa de justiça ou paz, a divulgação do Evangelho. Pratique uma ação hoje para tentar reavivar a chama.

*Os lugares mais quentes no inferno
estão reservados àqueles que,
em tempos de grande crise moral,
mantêm neutralidade.*

Dante

Parai e sabei que sou Deus.

Salmo 46

CANÇÃO DEZENOVE

Duas imagens cercam este tema do *Shabat* e do descanso para mim. A primeira lembrança está encerrada em uma poesia antiga; a segunda se refere a um rabino de cujo nome não me lembro.

O primeiro incidente aconteceu durante meu primeiro ano no ensino médio, creio. De algum modo, deparei-me com as obras do poeta francês Charles Péguy, que escreveu: "Amo àquele que dorme, disse Deus". As palavras não significaram muito para mim na época: na melhor das hipóteses, me pareceram um tanto tolas ou, no mínimo, confusas. Mas o interessante é que aquelas palavras permaneceram em minha cabeça a partir daí. Agora, décadas de vida monástica mais tarde, comecei a entender a sabedoria que há nelas. Comecei a perceber sua importância. O sono, entendo agora, é um sinal de confiança. A capacidade de descansar entrega o mundo de volta a Deus por algum tempo. Descanso, *Shabat*, lazer – todos liberam uma parte de nós que o espartilho do tempo e da responsabilidade buscam sufocar e tentam suprimir diariamente.

O segundo incidente aconteceu durante uma viagem a Jerusalém, anos depois. Um rabino havia se juntado a nós para a refeição que celebrava a abertura do *Shabat*. Lembro-me, por motivos óbvios, como se fosse ontem, do seu exemplo final da perfeita observância do *Shabat*:

– Estão vendo isto? – perguntou, tirando uma caneta do bolso da camisa e girando-a entre os dedos. – Sou escritor e no *Shabat* nunca me permito carregar uma caneta. No *Shabat*, devo permitir me tornar novo outra vez.

Nesses dois momentos, descobri o que o salmista tenta nos ensinar no salmo 46 sobre aprender a ficar parado. É mais do que a simples observação de que todos precisam relaxar um pouco, descansar o suficiente para trabalhar mais duro na próxima semana, mudar de um ritmo febril a outro caótico. É bem

mais do que o fato de que todos precisam de férias. Não, é muito mais do que isso! O que o verso desse salmo nos ensina é a simples verdade de que uma alma sem o sentido do *Shabat* é uma alma agitada.

APRIMORAMENTO DA ALMA

- A primeira razão para o *Shabat*, ensinam os rabinos, é igualar os ricos e os pobres. A salvo da ameaça do trabalho no *Shabat*, os pobres viviam pelo menos um dia por semana com o mesmo tipo de liberdade de que o rico desfrutava. O *Shabat*, em outras palavras, é o presente de Deus para a dignidade de toda a humanidade. Força-nos a concentrar-nos em quem somos, em vez de no que fazemos.

- A segunda razão para o *Shabat*, dizem os rabinos, é levar-nos a avaliar nosso trabalho. Assim como Deus fez no sétimo dia, espera-se que nós também avaliemos se o que estamos fazendo na vida é realmente "bom". Bom para nós mesmos, bom para as pessoas que nos cercam, bom para o desenvolvimento do mundo. Mas, se isso for verdade, então a razão pela qual temos bombas nucleares, filmes pornográficos e trabalhadores sub-remunerados pode ser exatamente porque perdemos o respeito pelo conceito de *Shabat*. Quer dizer, quanto tempo faz que você realmente se sentou, pensou em como anda sua vida e se perguntou se o trabalho que está fazendo é, realmente, um "bom" trabalho?

- A terceira razão para o *Shabat*, ensina-nos a tradição hebraica, é muito diferente da nossa compulsão atual de transformar o domingo em mais do mesmo – só que mais barulhento, mais rápido e mais longo. O *Shabat* é para que reflitamos sobre a vida – onde estivemos, para onde estamos indo e por quê. O *Shabat* requer pensamentos calmos e sérios, e uma busca por significado.

NARRATIVA VIRTUOSA

Olhando pela janela certa manhã, o professor hassídico Nachman de Breslau viu o discípulo Chaim correndo pela rua.

Rabi Nachman abriu a janela e convidou Chaim a entrar. Chaim entrou e Nachman lhe perguntou:

126

– Chaim, você viu o céu esta manhã?

– Não, rabi – respondeu Chaim.

– Já viu a rua esta manhã?

– Sim, rabi.

– Por favor, Chaim, diga-me o que você viu na rua?

– Vi pessoas, carroças e mercadorias. Vi comerciantes e camponeses indo e vindo, vendendo e comprando.

– Chaim – disse Nachman –, em cinquenta anos, em cem anos, nessa mesma rua haverá um mercado. Outros veículos, então, trarão comerciantes e mercadorias para a rua. Mas eu não estarei aqui, nem você. Então eu lhe pergunto, Chaim, para que correr se você não tem tempo nem mesmo para olhar para o céu? (História extraída de *Gates of Shabbat: A Guide for Observing Shabbat* [Portais do *Shabat*: guia para a observação do *Shabat*], da Conferência Central de Rabinos Americanos).

VIVÊNCIA CONCRETA

Passe pelo menos um "momento de *Shabat*" todos os dias, parando e rezando: "Parai e sabei que sou Deus".

O dia conta a história ao outro dia;
a noite transmite a mensagem à outra noite.

Salmo 19

CANÇÃO VINTE

O passado não é onde vivemos. Aqueles que se apegam a ele – quer às suas alegrias, quer às tristezas – negam a si mesmos as possibilidades do presente.

Ao mesmo tempo, aqueles que não se nutrem do passado negam a si mesmos referências para construir um novo futuro.

Onde quer que estejamos hoje, o passado ajuda a explicar a situação em que nos encontramos. Mas o passado não é motivo para continuar algo no presente, a não ser que esse algo ainda contenha energia suficiente para tornar o que você está fazendo hoje necessário, compensador.

Geração após geração contamos a nós mesmos histórias do passado, as tarefas do presente e a promessa do futuro. Cada uma delas é medida pelas verdades eternas no coração humano, o chamado de Deus que ressoa pelo mundo. Essa tensão entre experiências passadas, a sabedoria de eras e a urgência subjacente do agora deixa-nos com o ato espiritual de equilibrar todos os tempos.

Lord Halifax escreveu: "Educação é o que permanece depois que nos esquecemos de tudo o que foi ensinado". É a necessidade de mudança que desafia a tradição, e é a tradição que torna possível a mudança sem o apocalipse.

O que resta depois que esse processo se conclui é chamado de "vida". Equilibrar as duas é como andar por uma corda bamba e engraxada sobre as cataratas do Niágara.

APRIMORAMENTO DA ALMA

- A tradição é a cola de uma comunidade. Pense sobre isso um pouco. Para dar um exemplo: a tradição é o que faz com que a família se reúna no Natal. Se não fosse por ela, irmãs e irmãos que brigaram nunca se disporiam a ficar na

mesma sala juntos outra vez durante toda a sua vida. Ela nos mantém em contato até que, finalmente, nos sentimos prontos a descobrir o quanto amamos uns aos outros.

- A mudança desafia a tradição. Qualquer tradição que não consegue absorver a mudança não deveria nunca ter sido considerada tradição.
- Coisas como a dominação masculina, o poder branco e a subordinação feminina não são "tradição", embora muitas personalidades religiosas o afirmem. São apenas práticas sociais antigas que, baseadas em uma biologia equivocada, se tornaram teologia com o passar do tempo. Essas práticas devem agora dar lugar a novas informações e a uma compreensão esclarecida. De outra forma, aplicar sangrias ainda seria uma prática médica rotineira, o Sol ainda giraria ao redor da Terra, os índios ainda teriam apenas meia alma e os dirigentes da Igreja ainda ditariam as leis dos Estados, porque outrora achávamos que tudo isso era parte da lei natural. Culpar a Deus por essas práticas que foram concebidas pe-

los seres humanos, chamar de revelação o que eram apenas práticas antigas derivadas de uma falta de informação, é a pior tradição de todas.

NARRATIVA VIRTUOSA

Como havia uma goteira no teto, um mestre Zen disse a dois monges para trazerem algo para recolher a água. Um trouxe um tonel, outro trouxe uma cesta. O primeiro foi severamente repreendido; o segundo, bastante elogiado.

VIVÊNCIA CONCRETA

Comece um álbum de recortes ou um diário que explique as tradições em que você cresceu dentro de sua família. Então dê o livro a seus netos, sobrinhas, sobrinhos, bisnetos, seus próprios filhos etc., como presente de aniversário ou Natal.

*Não sou eu que pertenço ao passado,
mas é o passado que pertence a mim.*

Mary Antin

É belo proclamar teu amor de manhã
e tua verdade durante a noite.

Salmo 92

Oração

CANÇÃO VINTE E UM

Algumas pessoas perguntam: "Como devemos rezar?". Outras indagam – mais corretamente, creio – "Como você reza?". A oração, na verdade, é uma parte bastante pessoal do desenvolvimento espiritual. Muda conforme nós mudamos. Aprofunda-se quando crescemos, simplifica-se quando nos tornamos mais simples, à medida que os anos passam.

A oração nos centra, nos amplia e nos despoja, como diz a prece, "de toda arrogância". Em nosso íntimo, sabemos quem somos, o que precisamos, o que nos falta, o que não entendemos e o que desejamos. É essa consciência e a dependência de Deus que ela traz consigo que são a fonte da oração.

Esses pensamentos, se nós os honramos e os enfrentamos, tornam-se a função de uma vida de orações que, no final, eliminará tudo, exceto nosso desejo por Deus. A oração é a consciência de que a questão não é se Deus está ou não presente em nós – isso nós podemos contar como certo; ao contrário, a oração é o processo de nos tornarmos presentes diante de Deus.

Assim, a verdadeira oração pode ser nutrida por qualquer um de vários fatores – as Escrituras, natureza, experiência pessoal, pressões emocionais, compromisso intelectual com o Deus que é maior do que qualquer ideia de Deus que possamos ter. Mas, qualquer que seja o elo de vida que desperta em nós a consciência de Deus, no fim das contas o modo como rezamos tem algo a ver com quem somos.

Toda a noção, então, de que exista alguma fórmula, ritual, calendário ou estilo de oração corretos para todos é, na melhor das hipóteses, ingênua. Até mesmo a *Regra de São Bento*, o documento do século VI sobre a vida espiritual que dedica mais capítu-

los à oração do que a qualquer outro tópico, encerra o longo resumo de salmos e leituras dizendo: "Mas se qualquer dos monges souber de um jeito melhor, que siga uma prática diferente". Descobrimos, assim, que não existe nenhuma fórmula única para avaliar uma vida de oração.

A oração é verdadeira se nos muda, se possibilita a invasão de Deus em nossa vida. E para fazer isso precisamos "proclamar teu amor de manhã e tua verdade durante a noite" (excerto extraído do Prefácio de Joan Chittister a *Praying with the Benedictines* [Orando com os beneditinos]).

APRIMORAMENTO DA ALMA

- A prece irrompe no coração diante da visão quer do impossivelmente belo, quer do insuportavelmente difícil. Em ambos os casos, é um sinal da incursão do divino no mundano.
- Quando rezamos nossas preces por um tempo suficiente, todas as palavras desaparecem e começamos a viver na presença de Deus. Então a oração é, finalmente, real.

ORAÇÃO

- Todas as vezes que rezamos chegamos um passo mais perto, não de mudar a Deus, mas de nos convertermos.
- A oração não é um ato mágico; é um relacionamento que evoca em nós a dimensão espiritual da vida, que nos sintoniza com o universo, que ouve o ressoar do grande Eu Sou em todos os lugares.

NARRATIVA VIRTUOSA

Um sapateiro aproximou-se do rabino Isaac de Ger e falou:

– Diga-me o que fazer com a minha oração matinal. Meus clientes são homens pobres que têm apenas um par de sapatos. Recolho seus sapatos no fim da tarde e trabalho neles durante quase toda a noite; de madrugada, ainda há trabalho a ser feito, se quero que todos os clientes tenham os sapatos prontos para ir trabalhar. Minha pergunta é, o que devo fazer com a minha prece matinal?

– O que você vem fazendo até agora? – perguntou o rabino.

– Às vezes digo minhas orações às pressas e volto ao trabalho, mas então me sinto mal por isso. Outras vezes, deixo a hora da prece passar. Então também tenho uma sensação de perda e, de vez em quando, quando ergo o martelo do sapato, quase posso ouvir meu coração suspirar: "Que homem infeliz eu sou, que não consigo sequer fazer minha prece matinal".

O rabino falou:

– Se eu fosse Deus, valorizaria cada suspiro seu muito mais do que a oração (Anthony de Mello, *Taking Flight* [Alçando Voo]).

VIVÊNCIA CONCRETA

Experimente uma forma diferente de oração durante uma semana; cante com um CD; sente-se em silêncio por vinte minutos e repita uma oração ou uma palavra sagrada; reze o rosário; recite um salmo em voz alta; leia um capítulo da Bíblia devagar e reflita sobre ele; escute seus hinos favoritos etc. Há muitos *sites* sobre orações na Internet.

ORAÇÃO

Agradecei a Deus.
Invocai o nome de Deus.

Salmo 105

CANÇÃO VINTE E DOIS

Este é um salmo histórico. Conta a história da dor e do sofrimento de uma vida e da salvação de Deus. Lembra-nos das tribulações de Abraão, Isaac, Jacó, José, Moisés, Aarão. Finalmente entendemos o que está sendo dito: a longo prazo, o que quer que Deus permita que nos aconteça está correto.

Toda dificuldade é uma oportunidade, um chamado, não de resgate, mas de crescimento pessoal. Precisamos aprender a aceitar a vontade de Deus em nossa vida e a ser fiéis em todas as circunstâncias, boas e más. Deus trabalha tanto para o nosso bem quanto para o nosso crescimento. Nós gostamos do bom, mas não toleramos o ruim.

Em consequência, muitas vezes deixamos de olhar para os problemas com a perspectiva que a fé traz. Deixamos de olhar por trás do que nos incomoda para descobrir o seu significado e desafio. Deixamos de nos perguntar "como posso crescer a partir disso?".

Tudo vem da mão de Deus. Deus está trabalhando em nossa vida mesmo quando não conseguimos ver isso. Todos temos atribulações e todos entendemos isso. Não são situações fáceis, mas são as que nos chamam à santidade.

Essa é uma boa lição. Ficamos tão mergulhados no imediato, no cotidiano, que nos esquecemos do panorama total de nossa vida. Todos têm uma história de dor, mas, de forma geral, fomos salvos. De cada acontecimento ruim advém algo de bom, advém crescimento, se permitirmos. É importante se lembrar disso todas as vezes que acharmos que nosso mundo está chegando ao fim.

Então a nossa história, também, nos diz para "agradecer a Deus; invocar o nome de Deus". Espalhe esperança e fé, não desespero e descontentamento.

APRIMORAMENTO DA ALMA

- A vida é um professor incansável. E a vida ensina incansavelmente.
- O mito da vida estável e equilibrada persiste na mente de muitos, mas seduz apenas aos fracos de coração.
- São as feridas da vida que compõem o tecido de cicatrização da alma. E o tecido de cicatrização é sempre mais forte do que o tecido normal.
- Não criamos nossos destinos; apenas os moldamos.
- A vida mostra-se ao recolhermos todos os pedaços de nossa vida, considerarmos qual foi a função de cada um e crescermos para além deles rumo à pessoa que queremos ser agora.

NARRATIVA VIRTUOSA

Era uma vez um fazendeiro cujo único cavalo escapou do curral. Quando os vizinhos lamentaram a perda que ele tivera, o fazendeiro disse:

– Acontecimento bom, acontecimento ruim, como saber?

Mas quando o cavalo retornou à fazenda, conduzindo um rebanho inteiro de cavalos selvagens atrás de si, os vizinhos parabenizaram o velho por sua sorte. Então o fazendeiro disse:

– Acontecimento bom, acontecimento ruim, como saber?

Depois, quando o único filho do fazendeiro caiu do cavalo e quebrou a perna na época da colheita, os vizinhos deploraram a sorte dele. Mas o fazendeiro disse:

– Acontecimento bom, acontecimento ruim, como saber?

E quando o comandante militar recrutou todos os jovens do vale para seu exército, exceto o rapaz que quebrara a perna, os outros fazendeiros, cujos filhos haviam sido recrutados, amaldiçoaram sua própria má sorte e celebraram a boa sorte dele. Mas o fazendeiro disse:

– Acontecimento bom, acontecimento ruim, como saber?

VIVÊNCIA CONCRETA

Escreva em uma folha de papel: "Agradeço a ti, meu Deus" em dez linhas. Agora termine a prece agradecendo a Deus por cinco acontecimentos "bons" e cinco acontecimentos "ruins" em sua vida. Compartilhe a oração de gratidão com um amigo próximo.

Deus salva um povo humilde.

Salmo 18

Humildade

CANÇÃO VINTE E TRÊS

Este é um bom salmo para iniciar qualquer tarefa difícil. Ajuda a compreender melhor qualquer momento de risco, incerteza ou pressão. A mensagem é direta e clara: Deus salva um povo humilde, aqueles para quem Deus é Deus.

A humildade, afinal, é apenas a verdade de nossa própria existência. Humildade é a habilidade de saber em todos os momentos quem somos nós no universo. A humildade deixa que Deus seja Deus.

Os humildes são aqueles que não precisam controlar tudo. Os humildes são aqueles que não precisam ter motivos para tudo. Os humildes são aqueles que não precisam ter certeza de tudo. Os humildes são aqueles que simplesmente fazem o melhor que podem e então deixam que a vida siga seu curso. Eles deixam as coisas acontecerem. Eles deixam a agenda, o trabalho, os planos e as pessoas seguirem seu curso, porque confiam nos outros e confiam em Deus.

Então Deus pode agir em sua vida. Então eles podem permitir a mudança sabendo que "Deus salva um povo humilde".

APRIMORAMENTO DA ALMA

- As pessoas que são verdadeiramente humildes, que sabem que são terra ou húmus – a raiz da qual vem a palavra "humilde" –, têm um ar de autossuficiência e autocontrole.
- A humildade é a contínua rendição total ao poder de Deus em minha vida e na vida daqueles que me cercam.
- A pessoa humilde entrega aos outros todas as suas dádivas especiais – suas ideias, seus talentos, sua presença – e fica genuinamente surpresa ao descobrir que as outras pessoas realmente as desejam.

- A humildade é a capacidade de reconhecer a glória no barro que sou.
- A humildade nos salva da doença terminal do egocentrismo. Permite que nos sintamos à vontade com o que somos, de modo que possamos nos sentir à vontade com o que são todos os demais também.

NARRATIVA VIRTUOSA

Aproximei-me de um monge velho, bem velho, e perguntei-lhe:

– Qual é a audácia da humildade?

Esse monge jamais me vira, mas sabe o que foi que me respondeu?

– Ser o primeiro a dizer "eu te amo" (Teófano, o monge, *Tales of a Magic Monastery* [Histórias de um Mosteiro Mágico]).

VIVÊNCIA CONCRETA

Diga "eu te amo" hoje para alguém, para quem menos espera. Diga também a essa pessoa por que a ama.

Teu é o céu, tua é a terra;
o mundo e tudo o que nele existe, tu criaste.

Salmo 89

CANÇÃO VINTE E QUATRO

Este salmo é sobre relacionamentos. Contém a rica promessa e a responsabilidade que acompanha um pacto com Deus. Lembra-nos de que somos os administradores, não os donos da criação.

O problema surge quando nos esquecemos disso, quando começamos a pensar que tudo que existe na vida é nosso. Falamos em "nossa equipe", "nossos projetos", "nosso dinheiro", "nosso carro", "nossa terra", "nosso sucesso" e "nossas realizações". Começamos a nos apropriar dos trabalhos de Deus, e isso leva inevitavelmente a contrariedade e decepção, porque o centro se desloca. Começamos a pensar em controle em vez de na comunidade humana, no propósito da vida e no verdadeiro significado de tudo. O salmo clama por um espírito de cocriação. Pede-nos para abrir mão do controle.

APRIMORAMENTO DA ALMA

- Precisamos começar a ver o planeta como algo com vida própria, sagrado e impregnado da glória de Deus.
- Travamos guerra contra a natureza e nos perguntamos por que há tão pouca paz em nós mesmos, quando o que destruímos é exatamente aquilo de que mais necessitamos.
- Estar imerso na natureza é estar imerso na imaginação de Deus.
- Nós não existimos fora ou acima da natureza, ou independentemente da natureza; somos apenas a sua parte mais vulnerável.
- Responsabilidade pela vida é o que o mundo moderno mais perdeu. Em uma sociedade descartável, nada é visto como tendo vida. As coisas simplesmente têm uma utilidade temporária.

NARRATIVA VIRTUOSA

– Existem três estágios no desenvolvimento espiritual – disse o Mestre. – O carnal, o espiritual e o divino.

– Bem, Mestre, qual é o estágio carnal? – perguntaram os ansiosos discípulos.

– É o estágio em que as árvores são vistas como árvores e as montanhas, como montanhas – respondeu o Mestre.

– E o espiritual? – indagaram os discípulos.

– O espiritual é quando se olha mais profundamente para tudo. Então as árvores não são mais árvores, e as montanhas não são mais montanhas.

– E o divino? – perguntaram os discípulos, admirados.

– Ah, sim, o divino – disse o Mestre, rindo – é quando as árvores se tornam árvores de novo e as montanhas, montanhas.

VIVÊNCIA CONCRETA

Marque um encontro com a natureza. Uma vez por semana, desfrute de algum cenário natural – um lago, floresta, jardim, pôr do sol.

Teu amor é melhor do que a vida.
Minha alma está saciada como num banquete;
minha alma está repleta de alegria.

Salmo 63

CANÇÃO VINTE E CINCO

"Aprendo indo aonde preciso ir", escreveu Theodore Roethke. E esse é um conceito importante. Nem tudo pode ser planejado na vida. Nossa vida é de Deus, e a gratidão é a sua chave.

Agradecer a Deus é psicologicamente bom para manter nossos pensamentos leves e cheios de energia. Não é verdade, dizem-nos os psicólogos, que nós pensamos do modo que sentimos. Ao contrário, nós nos sentimos do modo que pensamos e os pensamentos podem ser mudados.

Agradecer a Deus é espiritualmente bom. É o início da contemplação.

Agradecer a Deus é socialmente bom. Faz com que sejamos uma presença positiva em um grupo. (Só pessoas negativas querem estar ao lado de pessoas negativas.)

Precisamos parar e agradecer a Deus – conscientemente – pelas coisas boas do dia. Passamos tanto tempo desejando que as coisas melhorem que deixamos de ver nossas verdadeiras dádivas. Há um banquete em nossa vida e não o desfrutamos porque estamos sempre querendo algo mais: o cronograma perfeito, o trabalho perfeito, o amigo perfeito, a comunidade perfeita. Precisamos entender que as dádivas de Deus estão a nosso redor, que a alegria é uma atitude mental, uma consciência de que minha vida é basicamente boa. A insatisfação muitas vezes é um sinal de que há algo errado comigo.

Como diz o místico oriental: "Oh, maravilha das maravilhas: corto a lenha com o machado; tiro água do poço".

APRIMORAMENTO DA ALMA

- Só o normal torna o especial, especial. Empanturrar-se com coisas especiais é perder todo o sentido do excepcional na vida.
- O normal é o que revela em nós, pouco a pouco, centímetro a centímetro, "a santidade da vida, diante da qual nós nos inclinamos em reverência", escreveu Dag Hammarskjold.
- Para o verdadeiro místico, o transcorrer das estações nunca é algo ordinário. É a repetição que, finalmente, abre nossos olhos para ver a Deus onde Deus sempre esteve: bem diante de nós.
- Se cozinho o jantar, isso é normal. Se coloco uma flor na mesa quando o sirvo, isso é divino.
- Tornar-se plenamente vivo é o tarefa de toda uma vida. Há tanto em cada um de nós que jamais tocamos, tanta beleza que nos cerca e que negligenciamos. A consciência é o que eleva o normal ao nível do sublime.

NARRATIVA VIRTUOSA

Um rabino sonhou que estava no céu.

– Onde é o Paraíso? – ele perguntou.

Então lhe mostraram uma sala em que muitos líderes espirituais estavam sentados ao redor de uma mesa discutindo as Escrituras.

– É isso, então, que é o Paraíso? – perguntou ele, decepcionado.

– Você não entende – disseram-lhe. – Os sábios não estão no Paraíso. O Paraíso é que está nos sábios.

VIVÊNCIA CONCRETA

Adquira o hábito de dizer "obrigado" a Deus e a outra pessoa pelo menos uma vez por dia. Seja específico quando disser "obrigado". Faça isso durante um mês e então avalie o impacto, se houver, desse exercício espiritual em sua vida.

*A vida me ensinou a agradecer a Deus
por todas as minhas preces que não
foram atendidas.*

Jean Ingelow

Impresso na gráfica da
Pia Sociedade Filhas de São Paulo
Via Raposo Tavares, km 19,145
05577-300 - São Paulo, SP - Brasil - 2019